Kann denn Sterben Sünde sein?

Erst versaut einem der Staat das Leben und dann
vermasselt er einem auch noch das Sterben

Udo Wanke-Kreh und Helga Wanke

Kann denn Sterben Sünde sein?

Eine Streitschrift zur Lebenshilfe

Bibliografische Information der Deutschen Nationalbibliothek:
Die Deutsche Nationalbibliothek verzeichnet diese Publikation in der Deutschen
Nationalbibliografie; detaillierte bibliografische Daten sind im Internet über
http://dnb.dnb.de abrufbar.

© 2014 Udo Wanke-Kreh und Helga Wanke
Herstellung und Verlag: BoD – Books on Demand, Norderstedt
ISBN 978-3-7357-2311-6

Inhalt

Worüber wollen wir, sollen wir, müssen wir streiten? Über das Thema Sterben, genauer über das Wie des Sterbens . Weiter gefasst: über die Sterbehilfe. Zwar werden wir fast täglich in den Nachrichten mit dem Tod, beispielsweise durch Krieg oder Katastrophen, konfrontiert. Doch wer beschäftigt sich gern mit dem eigenen Sterben? Ja, mancher Todkranke glaubt bis zuletzt an das Wunder der Heilung. Und wenn es auf das unvermeidliche Ende zugeht, wer wünscht sich dann nicht einen schönen Tod? Mit sich selbst im Reinen friedlich einschlafen.

Doch wie sieht die Wirklichkeit aus? Wer kennt nicht Menschen, die hoch betagt und deren physische und psychische Kräfte derart geschwächt sind, dass sie des Lebens müde sind? Oder einen unheilbar Kranken, der mit unsäglichen Schmerzen dahinsiechen muss, weil er mit Hilfe der Apparatemedizin am Leben erhalten wird, obwohl er einen schnellen Tod herbeisehnt? Solchen Menschen zu einem menschenwürdigen Tod zu verhelfen, darum geht es im Kern der vorliegenden Schrift. Dazu stellen wir die Idee eines **Lebenshilfeausweises** vor, die als Lösung am Ende der notwendigen breiten gesellschaftlichen Diskussion über die Sterbehilfe stehen könnte.

Der Lebenshilfeausweis

Längst überfällig ist eine klare, gesetzliche Regelung zur Sterbehilfe oder wenigstens ein großzügige, unterstützte Duldung. Unser salomonischer Vorschlag ist ein „Lebenshilfeausweis". Bereits heute kann jeder Bürger freiwillig und legal einen Blutspendeausweis und einen Organspendeausweis erwerben. Den Organspendeausweis gibt es sogar als Postwurfsendung.

Es bietet sich an, beide Ausweise zusammenzulegen und in einem Lebenshilfeausweis zu vereinen. Jeder kann freiwillig seine Willenserklärung für seinen Lebensabend, Sterbewunsch und für Notfallsituationen abgeben. Den Ausweis erhält der interessierte Bürger beim Einwohnermeldeamt. Er füllt ihn aus und lässt ihn, gegen Gebühr, vom Einwohnermeldeamt beglaubigen. Ähnlich wie seinen Personalausweis.

Vorab wird jeder Bürger, der einen Lebenshilfeausweis erwirbt, durch eine Broschüre über seine Rechte, Pflichten und Möglichkeiten aufgeklärt. Zusätzlich erhält er eine kostenlose Beratung und Überprüfung durch einen Sozialpädagogen, Sozialpsychologen und Amtsarzt.

Die **Beratung** hilft dem Bürger im Sinne seiner Vorstellungen und Wünsche. Sie dient dem sozialen Kontakt und einer bürgernahen Kontrolle. Wer beispielsweise aus Liebeskummer, Weltschmerz, sozialer Schieflage, einer Scheidung oder weil er sich mit dem Hammer auf den Daumen gehauen hat, aus dem Leben scheiden möchte, dem wird eine bessere Alternative angeboten. Beispielsweise ein Gespräch, eine Therapie, Rehabilitations- oder Betreuungsmaßnahme.

Die **Überprüfung**, einschließlich polizeilichem Führungszeugnis, soll Missbrauch ausschließen. Zum Beispiel den illegalen Handel mit Medikamenten und andere Delikte.

Durch die Beratung und Überprüfung werden der Wunsch und Wille des Antragstellers erfüllt sowie negative Folgen für die Gemeinschaft so gut wie ausgeschlossen. Eine hundertprozentige Sicherheit gibt es nirgends. Auch derzeit blüht der illegale Handel mit Medikamenten aller Art, und ihr Missbrauch ist alltäglich. Dagegen ist das Risiko, das von dem Inhaber eines Lebenshilfeausweises ausgeht, verschwindend gering. Wer begeht schon Verbrechen mit „Voranmeldung" bei staatlichen Einrichtungen?

Trägt der Bürger seinen Lebenshilfeausweis, in Verbindung mit dem Personalausweis, bei sich, hat er die Gewissheit und Rechtssicherheit, dass in jeder Lebenslage in seinem Sinne verfahren wird. Für seinen Lebensabend und zur Erfüllung seines Sterbewunsches bieten sich an:

Häusliche Pflege – Pflegeheim/Pflegeeinrichtung – Betreutes Wohnen – Sterbehospiz – Indirekte aktive Sterbehilfe – Passive Sterbehilfe – Frei bestimmter Tod mit einem legalen Sterbeset – Assistierte Sterbehilfe (Suizid) – Aktive Sterbehilfe.

Die meisten dieser Hilfen sind in der Bundesrepublik legal, erprobt oder zumindest geduldet, wie die passive Sterbehilfe bei entsprechender Patientenverfügung. Verbesserungen sind in allen Bereichen wünschenswert. Umstritten ist die assistierte Sterbehilfe. Verboten sind die frei bestimmte Sterbehilfe mit einem Sterbeset und die aktive Sterbehilfe.

Ein konkretes Beispiel unter Einbeziehen der drei strittigen Hilfen soll den Gebrauch des Lebenshilfeausweises veranschaulichen:

Ich kreuze in meinem Lebenshilfeausweis die Blutspende, die Organspende, die häusliche Pflege, das Sterbeset, die assistierte Sterbehilfe und die aktive Sterbehilfe an.

Die Blutspende und Organspende sind mein Beitrag zur Gemeinschaft. Die häusliche Pflege und das Sterbeset entsprechen meiner Wesensart, meiner Lebenseinstellung und Lebensphilosophie. Die assistierte und aktive Sterbehilfe sind absichernde Vorsichtsmaßnahmen. Es könnte ja sein, dass ich durch einen Unfall, Schlaganfall oder Krankheitsschub nicht mehr handlungsfähig bin. Ein hilfloses Dahinsiechen und mein baldiger Tod sind abzusehen. In diesen Fällen wäre mir ein legaler, schneller, schmerzfreier Tod lieber als alles andere.

Ein Ratgeber in Form einer Broschüre und eine Beratung sowie Überprüfung vorab wären für jeden ein Gewinn. Wer kann schon von sich behaupten, dass er alles im Griff hat, nicht psychisch krank oder geistig behindert ist? Wenn sogar der amerikanische Ex-Präsident George Bush den Einmarsch in Afghanistan mit einer göttlichen Eingebung begründet und der Ex-Verteidigungsminister der BRD, Peter Struck, hinterher flötet „Deutschland wird auch am Hindukusch verteidigt." – dann sind Selbstzweifel angebracht. Schließlich nickten fast alle Bürger der westlichen Welt diese Begründungen ab. Nachdem wir gemeinsam, die Isaf, den Krieg verloren haben, will unsere Verteidigungsministerin, Frau Ursula von der Leyen, nun Afrika befrieden. Wie denn? Im modernen Krieg wird der Feind ferngesteuert, per Satellit und Drohne, ausgespäht und mit einer Präzisionsrakete vernichtet. Oder es werden wichtige Objekte und Subjekte markiert. Damit sind sie jederzeit zu orten und Feind oder „Freund" können damit spielen, wie mit dem Handy von Frau Merkel. Ein Hit ist, Terroristen verwanzte Waffen teuer zu verkaufen und sie dann einschließlich Waffe zu vernichten. Sind Sie dafür gerüstet, Frau von der Leyen? Afrika ist über 80 Mal größer als die BRD.

Zurück zum Hauptthema. Warum mache ich mir Gedanken über die Sterbehilfe? Ich bin unheilbar an Krebs erkrankt. Deshalb beschloss ich, wenn du 70 Jahre erreicht hast, nimmst du alles danach als Sonderbonus und scheidest selbstbestimmt aus dem Leben, wenn es für dich nicht mehr lebenswert ist. Kann die Staatsmacht in unserer verfassungsmäßigen, parlamentarischen Demokratie dieses Verhalten billigen und mir es ermöglichen, meinen Sterbewunsch mit einem legalen Sterbeset umzusetzen?

Meine Entscheidung traf ich als mündiger Bürger, bei vollem Bewusstsein und klarem Verstand.

Eine Patientenverfügung habe ich bereits abgeschlossen. Die dadurch erworbene „passive Sterbehilfe" ist mir, bedingt durch Erfahrungen im Bekanntenkreis, zu unsicher. Bin ich nicht mehr handlungsfähig, kann es leider vorkommen, dass über mich, fremdbestimmt, anders entschieden wird. Wer zu spät stirbt, wird mit dem Leben bestraft! Es ist nicht so, dass ich für Andersdenkende kein Verständnis habe. Ich gönne jedem Parlamentarier und Bürger das Glück, dass er von Pflegestufe 1 bis 3 liebevoll betreut wird und friedlich in einem Sterbehospiz aus dem Leben scheidet, so wie es offiziell dargestellt wird.

Laut Umfragen befürworten 70 Prozent der älteren Bürger eine Sterbehilfe. Bei den jüngeren sind es 40 Prozent. Ein Drittel der Ärzte spricht sich für eine Sterbehilfe aus. Und wie viele verdrängen dieses Thema, weil sie noch nicht davon betroffen sind?

Unter all diesen Gesichtspunkten wäre eine freiwillige Willenserklärung des Bürgers zu seinem Lebensabend eine zeitgemäße Forderung an den freiheitlich-demokratischen Verfassungsstaat. Sie stände mit den Menschenrechten und dem Grundgesetz im Einklang. Ich erinnere an die Grundrechte: Selbstbestimmung; Menschenwürde; Glaubens-, Gewissens- und Bekenntnisfreiheit.

Als Nebeneffekt wäre durch den Lebenshilfeausweis der illegale Handel mit Sterbemedikamenten unterbunden, ebenso wie der weit verbreitete Trickbetrug. Sogar der kommerzielle und vereinsgebundene Freitod wären hinfällig. Für den Lebenshilfeausweis spricht weiterhin, dass es mit Sicherheit weniger Verzweiflungstaten gäbe, weil offener über heutige Tabuthemen gesprochen wird und Problemfälle sich nicht verstecken müssen.

Doch wie sieht die Wirklichkeit aus?

Machen wir uns nichts vor. Wer Geld und Geist hat, kann jederzeit zu Hause frei bestimmt sterben. Die Preise liegen derzeit, im Jahr 2014, zwischen 5000 und 10 000 Euro. Der Aufwand und die Organisation sind erheblich, weil der Freitod illegal oder zumindest halblegal ist. Deshalb sind die Anbieter sehr vorsichtig, denn sie stehen mit einem Bein im Gefängnis. Wer sich nicht zu helfen weiß oder den richtigen Zeitpunkt verpasst, ist der Pflegelobby des Staates gnadenlos ausgeliefert. Der Geldadel hat viele Optionen. Er kann sich zu Hause mehrere Pflegepersonen leisten. Manch männlicher Pflegefall heiratet seine Pflegerin und vererbt ihr auf diese Weise seine Pension. Der umgekehrte Fall ist selten. Oder der Pflegefall zieht in ein privates Luxusaltersheim mit Appartement und zusätzlichem Pflegepersonal. Die Pflegesätze der Pflegekasse werden mit verrechnet, sie stehen ja jedem zu. Wer privat sehr gut versichert ist, kann zusätzliche Versicherungsleistungen optimal nutzen.

Nur der Tod kennt keine Privilegien! Ob jung, alt, arm, reich, krank, gesund, klug, einfältig – jedem ist die Hippe hold. Dass ein todkranker Bundesbürger, der den Wunsch hat, selbstbestimmt, friedlich und würdevoll zu sterben, **vergeblich** um seinen Sterbewunsch betteln, kämpfen und klagen muss, ist unfassbar. Eine Stillosigkeit, Überheblichkeit, Arroganz, Geschmacklosigkeit, Instinktlosigkeit, Bevormundung und Entartung ohnegleichen. Dass bewusstes Sterben eine Lebensphilosophie sein kann, liegt offenbar außerhalb des Vorstellungsvermögens vieler Politiker, Kleriker, Ärzte und so genannter Experten.

Ich habe Quark und Kartoffeln zu Hause. Wenn ich heute Abend Pellkartoffeln mit Quark essen möchte, kann ich das tun. Ebenso möchte ich mein persönliches Sterbeset zu Hause haben, ehrlich erworben, und wenn ich heute Abend sterben will, möchte ich das tun können. Vor einer Kurzschlusshandlung schützen mich mein Selbsterhaltungstrieb und die Leichtigkeit, mit der ich jederzeit aus dem Leben scheiden könnte. Was das Leben und Sterben angeht, kann und darf keine Regierung alle Bürger über einen Kamm scheren. Dem Tod kann niemand entrinnen, deshalb muss in einer aufgeklärten Gesellschaft jeder nach seiner Fasson leben und sterben dürfen. Wer das nicht beherzigt, sät Zwietracht ohne Ende.

Eine Frage an unsere Bundeskanzlerin. Wenn Sie, Frau Merkel, bei Ihrem Skiunfall statt auf den Hintern auf den Kopf gefallen wären und danach hilflos, im Wachkoma, zehn Jahre dahinsiechen müssten, weil Ihre Regierung und Ihre Partei das aus wahltaktischen Erwägungen so bestimmt hat, wie würde Ihnen das gefallen? Haben Sie den Mut zu einer ehrlichen Antwort?

Wir Menschen sind nun einmal unterschiedlich. Der eine will unbedingt leben und hofft bis zum letzten Atemzug auf ein Wunder. Manch einer verdrängt den Tod total. Ein anderer ist lieber tot, als bewusst und hilflos seinen körperlichen und geistigen Verfall ertragen zu müssen. Der Nächste hat verinnerlicht, dass er nur vergängliche organische Materie ist, die sich verbraucht und abstirbt. Wozu also den Tod künstlich hinauszögern? Ich persönlich möchte mein Sterbeset zu Hause haben. Der Gedanke, jederzeit Herr über meinen Tod zu sein, beflügelt mich, schenkt mir Lebensmut, Lebensfreunde und Schaffenskraft. Ich will stolz und aufrecht, aus Liebe zum Leben und zu meinen Mitmenschen sterben, und nicht auf fremden Ruf!

Kann mir irgendein Mitbürger stichhaltige Gründe nennen, weshalb ich nicht auf meine Weise sterben darf? Was habe ich verbrochen? Was ist mein Vergehen? Wen schädige ich mit meinen Freitod? Wem füge ich Leid zu? Wer außer mir hat über mein Leben und Sterben zu bestimmen und zu richten? Wer spielt hier verrückt?!

Unser Staat schickt junge Menschen, unsere Kinder, in den Krieg, um den Heldentod fürs Vaterland und die westlichen Werte zu sterben. Warum? Unsere Erde ist das Vaterland aller Menschen! An Obdachlosen gehen wir achtlos vorüber. Milliarden Menschen hungern und verhungern, wir schauen zu. Wir verkaufen Kriegswaffen, um Geschäfte zu machen und schüren das Morden. Über 8,50 Euro Mindestlohn streiten sich unsere

Politiker und Experten. Wie hoch sind die Gehälter der Kritiker? Die Bürger sind bereits so apathisch und resigniert, dass sie fast alles stumpfsinnig hinnehmen. Wir lassen uns über den Tod hinaus vermarkten. Der Todesacker ist das teuerste Ackerland in der Bundesrepublik.

Erst versaut einem der Staat das Leben und dann
vermasselt er einem auch noch das Sterben.

Ich vermute, dass insbesondere viele ältere Bürger, so wie ich, ihren Lebensabend gerne und leichter mit der Gewissheit verbringen würden, alles in ihrem Sinne geordnet zu haben. Das Leben gern zu leben, musst Du darüber stehn!

Selbstverständlich wäre der Erwerb des Lebenshilfeausweises freiwillig und getroffene Entscheidungen ließen sich jederzeit zurücknehmen. Durch den Ausweis hätten Familie, Freunde, Ärzte, Rettungsdienst, Krankenhaus, Pflegeheim und Betreuungseinrichtungen eine legale, verbindliche Willenserklärung des Bürgers und müssten seine Wünsche respektieren. Ein Missbrauch wäre fast ausgeschlossen.

Unsere Politiker, Kleriker, Hippokratiker und Ärztekämmerer sollten sich auf die Realität besinnen. Es begehen doppelt so viele Ärzte Selbstmord (Suizid) wie im Bevölkerungsdurchschnitt. Sie wissen weshalb, Sterben ist ihr täglich Brot. Gut ein Drittel der Ärzte hat das Probelm mittlerweile begriffen. Alles ist ja im Gesamtzusammenhang zu sehen. Liegt die Lebenserwartung bei 35 bis 40 Jahren und es gibt eine Milliarde Menschen auf der Erde, wie im 19. Jahrhundert, ist die Sterbekultur eine andere, als bei einer Lebenserwartung von 75 bis 80 Jahren in den Wohlstandsstaaten und über sieben Milliarden Menschen auf der Erde, wie Anfang des 21. Jahrhunderts.

Weltpolitisch und national wäre ein Lebenshilfeausweis in der BRD eine Bagatelle. Ein beherzter Minister könnte ihn mit einem Satz anordnen. Wozu sonst hat er seinen Mitarbeiterstab? Im Parlament wäre eine namentliche Abstimmung zu empfehlen, damit der Bürger weiß, was der einzelne Parlamentarier denkt oder ob Fraktionszwang vorliegt. Die Medien sollten das ausführlich dokumentieren, es wären wichtige Anhaltspunkte für Wahlen.

Wir brauchen Rechtssicherheit für eine lebenswerte, menschenwürdige Zukunft. Der Lebenshilfeausweis wäre ein Angebot, das jedem einzelnen Bürger in der BRD eine annehmbare Lösung für sein Leben, seinen Lebensabend und Sterbewunsch garantiert. Unser Vorschlag wäre leicht zu realisieren, sehr kostengünstig und schnell umzusetzen. Hat jemand eine bessere Idee? Das wäre wunderbar!

Unser Appell an Politiker und Bürger

Wir Kranken, Rentner und Pflegebedürftige lassen uns nicht länger verschaukeln und bitten unsere Kinder und Kindeskinder um Unterstützung. Lasst uns gemeinsam die Parteien und Verhinderer

ABWÄHLEN,

die uns für ihre Interessen missbrauchen. Mit unserem Vorschlag zum Lebenshilfeausweis haben wir unseren Parlamentariern eine goldene Brücke gebaut. Wenn sie sie nicht überqueren, werden sie die Konsequenzen spüren. In vielen Familien gibt es wahlberechtigte Pflegepersonen und Pfleger, wir werden sie aufklären und ihnen Tipps geben.

Bestechend an dem Lebenshilfeausweis sind seine Freiwilligkeit, dass jeder Bürger vorbedacht über sein Leben und seinen Tod bestimmen kann, dass die Menschenrechte und das Grundgesetz der BRD gewahrt sind. Damit wäre der Lebenshilfeausweis ein Wegweiser in eine menschenwürdigere Zukunft.

Aufmerksam werden wir die Diskussion im Bundestag verfolgen und dem Bürger, in einer Broschüre „Grüsse aus dem Tattersaal", wohlbegründet mitteilen, welche Parteien und Politiker abzuwählen sind. Auf zu neuen Ufern!

Sollte die Zeit reif sein, fallen unsere Gedanken auf fruchtbaren Boden, wenn nicht, verkümmern sie. Einen Versuch war es allemal wert.

Fallbeispiele aus dem Leben

Wir wollen unser Plädoyer für eine verantwortbare Lebens- und Sterbehilfe nicht im Begrifflichen stecken lassen. Deshalb stellen wir im Folgenden
Fälle aus eigenem Erleben vor, welche die Notlage veranschaulichen.

Meine Freundin Heidi, ich nannte sie Fritze, weil sie so burschikos war,
erkrankte an Leukämie. Nach der ersten Chemotherapie erholte sie
sich rasch und war ein gutes Jahr lang quicklebendig, fast wie vor ihrer
Krankheit. Eines Tages bekam sie furchtbare Schmerzen und ich rief den
Notdienst an. Im Krankenhaus stellten die Ärzte fest, dass ihre Leukämie
wieder akut sei. Weil Fritze eine gute Kondition hatte, leiteten die Ärzte
eine zweite Chemotherapie ein. Sie zog sich in die Länge, zwischendurch
wurde sie kurz entlassen, um sich zu stabilisieren. Nach wenigen Tagen
brachte ich sie, auf eigenen Wunsch, wieder ins Krankenhaus.

Nun begann ihr Sterbemarathon. Ich besuchte sie morgens, vor der Arbeit
und abends, nach der Arbeit sowie am Wochenende. Die Ärzte stellen nach einigen Wochen die Behandlung ein, ihre ärztliche Kunst hatte
versagt. Damit begann für Fritze ein langsames, qualvolles Sterben. Der
behandelnde Arzt erklärte mir, dass sie nur noch Sauerstoff bekäme, weil
der Erstickungstod schlimmer sei als Herzstillstand. Über einen Tropf er-
hielt sie Schmerzmittel und eine klare Flüssigkeit. Als Schmerzmittel helfe
Morphium allein nicht mehr, sie würden spezielle „Cocktails" für sie mixen,
erklärte man mir. Die Frage, welcher Sinn in der Behandlung läge, wenn es
keine Hoffnung mehr gäbe, beantwortete der Arzt mit seiner Verpflichtung
Leben zu erhalten.

Fritze war mittlerweile bis auf Haut und Knochen abgemagert, der Körper
war voller Schwären, die Augen waren milchig und holprig. Das einzige
Lebenszeichen war ein leichtes Lächeln, wenn sie meine Stimme hörte.
Wenn der Pfarrer vorbeischaute und Trost spendete, musste ich solange
vor der Zimmertür warten. Eine Sterbehilfe schlossen die Ärzte und der

Pfarrer aus. Ihr Leben so lange wie nur möglich zu erhalten schien ihnen das Wichtigste auf der Welt zu sein – sonst käme sie nicht in der Himmel. Mein Fritze lag in einem renommierten Krankenhaus im erzkatholischen Städtchen Würzburg, im fränkischen Bayern.

Gehe ich davon aus, dass viele Ärzte und Pfarrer das Leben und Sterben täglich miterleben, ist mir ihre Einstellung zum Tod unverständlich. Sie retten doch kein Leben, sondern verlängern nur das Sterben. Das Leiden von Fritze war das Grausigste und Unmenschlichste, was ich bis dahin erlebt hatte. So wollte sie nicht sterben, wir hatten uns offen darüber unterhalten. Gegen Ende ihrer Krankheit litt sie länger und schrecklicher, als Jesus Christus am Kreuz für die gesamte christliche Menschheit. Ist das Nächstenliebe und das Ethos unserer Ärzte? Ich empfinde seitdem, was das Sterben betrifft, nur noch tiefste Abscheu und Verachtung für unseren Staat und die christliche Kirche. Das ist der Hauptgrund, weshalb ich keinem mehr traue und frei bestimmt, nach meiner Fasson, sterben will.

Ich kannte F. als quirliges Wesen. Aufgeschlossen nahm sie am gesellschaftlichen Leben ihrer Gemeinde teil. In ihrem 78. Lebensjahr diagnostizieren die Ärzte bei ihr die Alzheimer-Krankheit. Sie kommt in ein Seniorenheim und wird bald zu einem völlig hilflosen Pflegefall.

Als ich F. besuchte, fand ich sie vor, eingesperrt in ein Gitterbett wie ein Baby. Ich rief sie beim Namen und nahm ihre Hand. Zusammengefallen, inzwischen zahnlos und mit trüben Augen zeigte sie kaum eine Regung. Dann und wann wird sie in einen Rollstuhl gesetzt, in dem sie weiter vor sich hindämmert. Was geht in einer solchen Kranken vor? Wie leidet sie? Wie erlebt sie ihre Tage? Seit meinem Besuch sind neun Jahre vergangen, sie ist nach wie vor im Gitterbett eingesperrt.

E., die Mutter einer meiner Freunde, ereilte das gleiche Schicksal. Mit stetig abnehmender körperlicher und geistiger Kraft war sie zehn Jahre lang strikt bettlägerig, bevor sie starb.

Ich besuchte Nachbarin M. in einem Seniorenheim. Der Arzt hatte sie dort eingewiesen, weil sie allein nicht mehr zurechtkam. Ich fand sie im so genannten Gemeinschaftssaal mit neun weiteren Betagten. Alle zehn dämmerten mit gebeugtem Rücken oder schief hängenden Köpfen still oder unverständliche Laute von sich gebend vor sich hin, einige unter ihnen litten an den Folgen eines Schlaganfalls oder Demenz.

Meine 40-jährige Arbeitskollegin P., mit einer steilen Karriere von der Kriminalkommissarin zur Ministerialrätin beim Verfassungsschutz, litt an Magersucht und unbewältigten Eheproblemen. Ihr Versuch, sich mit einem Strick das Leben zu nehmen, misslang. Zwei Jahre noch litt P. qualvoll an den Folgen des Suizidversuchs.

Meine Freundin V. war nicht zu bewegen, ihre 90-jährige Mutter in ein Altersheim zu geben. V. hatte sich in solchen Heimen umgesehen und war jedes Mal entsetzt über die Zustände, in denen hier alte Menschen gepflegt wurden. Zwar ging V. davon aus, dass es auch gut geführte Pflegehäuser gäbe, aber in der Nähe fand sich keine annehmbare Unterkunft. So beschloss sie, ihre Mutter bei sich zu pflegen.

Bald litt V., die als leitende Angestellte tätig war, unter der Doppelbelastung Beruf und Pflege. Die Hilfe der Pflegeversicherung war nur ein Tropfen auf den heißen Stein und konnte vor allem die psychische Last nicht mindern. Dies führte bei V. zu einem Nervenzusammenbruch und zerrüttete ihre Ehe. Danach erkrankte V. lebensbedrohlich.

Meine Mutter Barbara verbrachte die letzten sieben Jahre ihres Lebens in einem karitativen Pflegeheim mit sehr gutem Ruf. Ich besuchte sie zweimal in der Woche, so dass ich den gesamten Pflegebetrieb, von Pflegestufe eins bis drei, einschließlich ihr Sterben, lebensnah miterlebte.

Die ersten beiden Jahre im Pflegeheim war meine Mutter gut drauf, froh, heiter und stolz auf ihre Selbstständigkeit. Das Pflegeheim lag idyllisch in einem Stadtpark. Die Anlage war erstklassig gepflegt, die Bausubstanz, Instandhaltung und Einrichtung vom Feinsten. Meine Mutter hatte ein eigenes Zimmer mit einem großen, behindertengerechten Bad. Bis auf das Krankenbett und einige Einbaumöbel hatte sie sich ihr Zimmer selbst eingerichtet. Die Wandleuchten im Heim waren so geschmackvoll, dass auch ich mir solche für zu Hause kaufen wollte. Ich staunte nicht schlecht, der Katalogpreis für eine Lampe betrug 248 DM. Es waren mundgeblasene Opalglas-Wandleuchten. Der Heimleiter war ein Pfiffikus. Er triefte vor Gemeinnutz und Barmherzigkeit. Die Verwandten der Heimbewohner konnten sogar Sonderleistungen für ihre Lieben kaufen, zu gepfefferten Preisen. Auch tigerten Vertreter, fliegende Händler, Friseure, Maniküre, Pediküre und ähnlicher Service durchs Pflegeheim. Meine Mutter kaufte jede Woche irgendetwas, weil alle so nett waren und sie sich verpflichtet fühlte ihnen etwas abzukaufen.

Solange meine Mutter in Pflegestufe eins war konnte sie, mit einem kleinen Spazierstock als Gehhilfe, durch den Park und das Städtchen flanieren. Manchmal nahm ich sie ein paar Tage mit nach Hause oder wir machten eine kleine Reise.

Das Dilemma begann mit der Pflegestufe zwei und dem Rollator. Es gab zuwenig Pflegepersonal, die meisten Pfleger waren nur angelernt und alle wurden jämmerlich bezahlt, was auch nicht gerade motivierend ist. Das Geld, das in die Immobilie floss, wurde ganz offensichtlich beim Personal und Service eingespart. Deshalb waren die Rollatorbenutzer ein großes Problem. Mal verirrten oder überforderten sie sich und mussten gesucht werden. Mal stürzte ein Rollator mit oder ohne Patient eine Böschung oder Rampe hinunter oder verhakte sich irgendwo. All das machte viel Arbeit, kostete Zeit und brachte Ärger mit sich. Darum war das Personal bestrebt, die Rollatorbenutzer so bald wie möglich in den Rollstuhl zu setzen, dort waren sie leichter zu beaufsichtigen und zu betreuen. Lange kämpfte meine Mutter mutig um ihren Rollator, weil sie Folgen begriff. Im Rollstuhl, ohne Bewegung, ging es sehr schnell bergab. Die Pflegestufe drei ließ nicht lange auf sich warten. Ausgleichsgymnastik, Krankengymnastik, Bewegungstherapie oder Wassergymnastik gab es nur in Sonderfällen, wenn der Arzt sie verschrieb und die Krankenkasse die Kosten übernahm.

Irgendwann erlosch der Widerstand meiner Mutter und sie verbrachte ihre Tage, mit Pflegestufe drei, im Rollstuhl. Ihr Leben pendelte sich in ihrem Zimmer zwischen Stuhl und Bett ein. Zwei mal jede Woche fuhr ich sie im Rollstuhl spazieren, darum wurde sie von den meisten Heimbewohnern beneidet. Ihr Schicksal nahm seinen Lauf, sie wurde zunehmend depressiv. Zur Aufmunterung brachte ich ihr einen Piccolo mit, wenn ich sie besuchte. Wir tranken ihn gemeinsam feierlich aus und sie erzählte aufgekratzt aus ihrem Leben, manchmal verplapperte sie sich dabei und ich erfuhr, was ich nicht wissen sollte. Als die Pfleger dahinter kamen, wurde der Piccolo untersagt. Alkohol im Pflegeheim verstieß gegen die Hausordnung. Mittlerweile war meine Mutter nur noch ein Häufchen Elend und wollte sterben. Sie wisse aber nicht wie und um irgendetwas zu versuchen, sei sie zu feige, erzählte sie mir. Ich erklärte ihr, dass ich auch nicht wisse wie und zu feige sei, ihr irgendwie zu helfen. Käme das heraus, würde ich wegen Muttermord ins Zuchthaus kommen. Das wollte sie auf keinen Fall.

Im letzten Jahr ihres Lebens lag sie nur noch im Bett, abgemagert, mit hohlen Wangen, offenem Mund und schwachen Atem. Kam ich mal unverhofft, lag sie, mitunter bereits stundenlang, in ihrem eigenen Kot. Öfters wurde ich angerufen, dass es wohl soweit sei. Als es soweit war, kam ich zu spät.

Eine Sterbehilfe, als meine Mutter sich das wünschte, sie war bei klarem Verstand, wäre aus meiner Sicht barmherziger gewesen als alles, das danach kam.

Finden sich in meiner Schilderung Pflegepersonen, Pfleger und Verwandte wieder, oder bin ich Einzelfall? Was sagt Gevatter Staat dazu? Wir werden es hoffentlich im Herbst des Jahres 2014 erfahren.

Aus meiner Sicht wurde im Pflegeheim nicht das Leben meiner Mutter, sondern ihr Sterben verlängert. Über ein Jahr lang wartete sie, wehrlos ausgeliefert, gegen ihren erklärten Willen, auf ihren Tod. Für den Träger des Pflegeheimes rechnet sich das. Er besaß eine krisensichere, wertvolle Immobilie. So mancher Unternehmer wäre glücklich, ein ähnlich gesundes Unternehmen zu besitzen, das ihm monatlich eine Privatentnahme in der Höhe des Gehaltes eines Heimleiters oder Palliativarztes abwirft und so nebenbei noch ein paar lukrative Schnäppchen ermöglicht.

Meinungsbeiträge

Bekenntnis zum frei bestimmten Tod

Das wundervollste Grundrecht des Bundesbürgers ist die Meinungsfreiheit. Sie gibt mir das Recht, meine persönliche Meinung zum Freitod zu äußern. Hab Dank, Gevatter Staat.

Ich wurde ungefragt in diese Welt hineingeboren und will sie ungefragt verlassen können. Meinen Tod verstehe ich als Geschenk nach einem erfüllten Leben. Das Vorrecht, mit zeitgemäßen Mitteln aus dem Leben zu scheiden, wann immer es mir gefällt, ist für mich ein unveräußerliches Menschenrecht. Damit stehe ich nicht alleine da. Eine Umfrage bei älteren Bundesbürgern von über 60 Jahren ergab, dass die Hälfte der Befragten einen würdevollen Freitod einem langen Leidensweg vorziehen würde. Bei einer allgemeinen Umfrage zum Freitod – sind Sie dafür oder dagegen? – waren sogar 70 Prozent der Befragten dafür. Es wäre aus meiner Sicht nahe liegend, Wahlen mit einer Volksbefragung zu umstrittenen Themen, wie auch diesem, zu koppeln. Vielleicht gingen dann wieder mehr Bürger wählen und die Gewählten wüssten, was wir Bürger von ihnen erwarten.

Mir wäre ein natürlicher, sanfter, schneller Tod zur rechten Zeit am liebsten. Das wünscht sich fast jeder, mit dem ich darüber gesprochen habe. Sollte die Natur den richtigen Augenblick versäumen, möchte ich ein wenig nachhelfen. Das geeignete Mittel dazu ist aus meiner Sicht ein Sterbeset, das ich vorsorglich in meiner Hausapotheke aufbewahre, wie Pflaster und Aspirin. Das Sterbeset sollte in allen Apotheken frei verkäuflich sein und mir, als Bundesbürger, gegen Vorlage meines Personalausweises verkauft werden. Wenn der Staat einen Missbrauch befürchtet, er ist ja sehr misstrauisch, wäre ich auch bereit, mir ein Rezept für das Sterbeset von einem Amtsarzt ausstellen zu lassen. Falls der Amtsarzt auf ein polizeiliches Führungszeugnis Wert legt, hätte ich sogar dafür Verständnis.

Für mich ist es ein lebensbejahender und beruhigender Gedanke, jederzeit aus dem Leben scheiden zu können. Er fördert meine Schaffenskraft, versüßt mir mein Leben und ist ein aufmunternder Trost in harten Zeiten. So gesehen ist der Freitod für mich eine freundliche Gabe.

Weil es bedauerlicherweise noch kein Sterbeset in meinem Sinne gibt, schlage ich eine staatliche Ausschreibung vor. Das beste Sterbeset wird mit einer Million Euro belohnt, das zweitbeste mit einer halben Million und das drittbeste mit einhunderttausend. Alle drei Gewinner erhalten eine Lizenz zur Produktion und zum Vertrieb ihres Sterbesets. Die Ergebnisse der Ausschreibung werden veröffentlicht, um den Bürger umfassend über seine Rechte und Sterbemöglichkeiten aufzuklären.

Im krassen Gegensatz zu meinen Vorstellungen steht die gesellschaftliche Wirklichkeit. Ich bin, was den Freitod betrifft, von unserem Staat und seinen Potentaten bitter enttäuscht. Gemäß Grundgesetz leben wir Bundesbürger in einer verfassungsmäßigen, parlamentarischen Demokratie mit weitgehenden Grundrechten, die den internationalen Menschenrechten, zu denen sich unser Staat bekennt, entlehnt sind.

Zu meinen Grundrechten gehören seit meiner Volljährigkeit meine Mündigkeit und Strafmündigkeit. Dazu kommen unter anderem: Wahlrecht, Selbstbestimmungsrecht, die unantastbare Menschenwürde, das Recht auf freie Entfaltung meiner Persönlichkeit, die Freiheit meiner Person ist unverletzlich, vor dem Gesetz sind alle Bürger gleich. In unserem Grundgesetz stehen 146 wunderbare Artikel. Man könnte stolz auf unseren Staat sein, wenn sie Allgemeingut wären und eingehalten würden. Doch alljährlich gibt es, oh wie peinlich, rund 6000 Verfassungsbeschwerden, mit steigender Tendenz. Die brisanten werden abgewiesen. Ich habe einmal nachgewiesen, dass die Arbeitslosigkeit gegen das Grundgesetz verstößt. Meine Verfassungsbeschwerde wurde abgewiesen, weil ich nicht arbeitslos war. Nur direkt Betroffene dürfen sich beschweren. Über das Recht auf meinen Freitod darf ich mich also erst beschweren, nachdem ich mich umgebracht habe. Das sind die kleinen Hürden für eine Verfassungsbeschwerde.

Kaum will ich einmal von meinen so genannten Grundrechten Gebrauch machen und fordere schlicht mein Recht auf einen frei bestimmten Tod mit vorhandenen Wirkstoffen ein, wird mir das praktisch verwehrt. Und das, obwohl ich weiß, was ich will, mündig bin und auch bereit, alle Kosten zu übernehmen. Ich will nichts weiter als 15 Gramm Natrium-Pentobarbital, vakuumverpackt mit Verfallsdatum. Den Wirkstoff gibt es seit dem Jahr 1916 in verschiedenen Medikationen, als reines Pulver, Tablette und Lösung. Jede Apotheke könnte diesen Wirkstoff besorgen und mir verkaufen. Ist das Verfallsdatum verstrichen, würde ich das Sterbeset entsorgen und mir ein neues für meine Hausapotheke kaufen. Ist das zuviel verlangt?

Soweit ich informiert bin, ist das Sterben mit Natrium-Pentobarbital sehr einfach. Man löst es in Wasser auf und trinkt den Scheidebecher aus. Kurz darauf, innerhalb weniger Minuten, schläft man ein und wacht nicht mehr auf. Der Tod erfolgt sanft, sicher und schnell. Wer einen empfindlichen Magen hat und aufgeregt ist, der kann sich mit ein paar Magentropfen, eine halbe Stunde vor dem Austrinken des Scheidebechers, vorbereiten. Eine leicht verständliche Gebrauchsanleitung zu schreiben, ist für jeden Fachmann ein Klacks. Sterbehilfeorganisationen, wie „Exit" und „Dignitas" in der Schweiz, sind seit Jahrzehnten aktiv und wissen über das Sterben mit Natrium-Pentobarbital bescheid. Den Gedanken, auf diese bewährte Art und Weise aus dem Leben scheiden zu können, finde ich wunderbar. Insbesondere, weil ich mich frei und unbehelligt entscheiden kann.

Die Pharmaindustrie, die Mediziner, insbesondere Anästhesisten, Gerichtsmediziner, Neurologen, Psychologen, Psychiater und Pathologen, kennen eine Vielzahl analoger Wirkstoffe und Möglichkeiten, sanft und sicher aus dem Leben zu scheiden. Ein Sterbeset mit einer aromatisierten Brausetablette herzustellen, wäre kein Problem. Jeder, der noch ein Glas Wasser austrinken kann, könnte aus eigenem Willen, ohne fremde Hilfe, problemlos aus dem Leben scheiden. Niemand wäre in irgendeiner Form belastet.

Doch wie sieht die Wirklichkeit aus? Gehe ich in eine Apotheke und will 15 Gramm Natrium-Pentobarbital kaufen, sagt der Apotheker zu mir, dazu brauchen Sie ein besonderes Rezept. Gehe ich zum Arzt, bitte um ein apothekengerechtes Rezept und erkläre ihm, wozu ich es brauche, verweigert er es mir. Seine Argumente sind unter anderem:

Es ist dem Arzt in der Bundesrepublik untersagt, Sterbehilfe zu leisten. Seine Ärztekammer lehnt die Sterbehilfe ab, und er habe den Eid des Hippokrates geschworen, Leben zu retten. Er hätte Angst um seinen Ruf, wenn er solche Rezepte ausstellen würde. Er könne seine Approbation verlieren und Berufsverbot erhalten und müsse sogar mit einer Geld- und Gefängnisstrafe rechnen. Auch die Ärzteverbände mit ihrer Standespolitik seien konservative Bedenkenträger und er als Arzt sei von ihnen abhängig. Seine Weltanschauung und Religion verbieten ihm, derartige Rezepte auszustellen.

Dass die Ärzteschaft sich gegen den sanften Freitod ausspricht, ist für mich unverständlich. Die Selbstmordrate bei Medizinern ist doppelt so hoch wie in anderen Berufsgruppen. Das liegt nicht nur daran, dass sie leichter an geeignete Medikamente kommen und wissen, wie sie dosiert werden, sondern auch daran, dass sie eine bessere Selbstdiagnose machen können als Nichtmediziner und weil der Alltag mit todkranken Patienten die Lebenseinstellung verändert. Viele Ärzte fragen sich öfters nach dem Sinn des Lebens, wenn sie täglich die Not und das Siechtum ihrer Patienten erleben und mit der Wirklichkeit vertraut sind. Nicht wenige haben sich klammheimlich mit einem Sterbeset versorgt, insbesondere bevor sie in Rente gehen.

Als medizinischer Laie kann ich mir auf legale Weise den Wirkstoff Natrium-Pentobarbital oder ein anderes Medikament für einen sanften Freitod nicht beschaffen. Eine fachgerechte Beratung für Sterbewillige gibt es auch nicht, es herrscht ein Schweigebann. Der Freitod ist ein Tabuthema. Ich habe seit dreißig Jahren keinen fundierten Beitrag dazu gelesen. Das meiste war Geschwafel, unvollendete Totenmessen und theologische Dogmen. Die einzigen „humanen" Argumente kommen aus der Veterinärmedizin. Eine Sterbehilfe für todkranke, leidende Tiere ist legal, und der Wirkstoff für den erlösenden Tod ist das, wovon sterbewillige Menschen träumen. Eigenartigerweise rezeptpflichtig, obwohl Tiere in Apotheken nicht einkaufen.

Deshalb bitte ich unsere Ethikmonster, also Spitzenpolitiker, Regierende, Verfassungsrichter, Ärztekämmerer, Experten des Ethikrates, Philosophen, Psychologen, Soziologen, Kleriker und sonstige Granden der Nation um Aufklärung, warum ich laut Grundgesetz sterben darf, aber im Stich gelassen werde, wenn ich sterben will, ohne meinen Mitmenschen damit in irgendeiner Weise zu schaden.

Die Widersprüche zwischen bundesdeutscher Ethik und Wirklichkeit sind fatal. Wie sieht die Wirklichkeit aus? Ich darf mich aufhängen, von einem Hochhaus springen, vor den Zug werfen, mit Benzin übergießen und anzünden, mit dem Auto gegen einen Brückenpfeiler rasen, den Kopf in die Backröhre des Gasofens stecken und mich vergasen, 60 Aspirin schlucken und qualvoll verrecken, acht Gramm selbst getrocknete Schierlingsblätter futtern und langsam unter Krämpfen sterben, mir die Pulsadern längs aufschlitzen, Säure und kochendes Wasser trinken. All das ist rezeptfrei.

Zwei Beispiele dazu, direkt aus dem Leben gegriffen. Ich befand mich gerade in der Notfallstation eines Krankenhauses, als ein alter Mann eingeliefert wurde. Er hatte in seiner Verzweiflung versucht sich aufzuhängen. Der Strick war gerissen, seine Halswirbel waren verrenkt und er konnte sich kaum noch rühren. Beim Sturz hatte er sich beide Beine gebrochen, und seine Magengeschwüre waren aufgeplatzt. Aus seinem Mund lief eine bräunliche, übel riechende, blasige, breiige Flüssigkeit. Wie lange er noch lebte, weiß ich nicht. Ein Sterbeset wäre mit Sicherheit eine bessere Alternative für ihn gewesen als der Strick, zumindest sehe ich das so. Am Rande bemerkt: Aufhängen ist eine Kunst. Henker war einst ein einträglicher Beruf, wenn er etwas taugte. Gut gehängt, reich beschenkt!

Eine junge Frau aus meiner Nachbarschaft, gerade 18 Jahre alt geworden, fuhr aus Liebeskummer gegen denselben Baum, an dem sich ihr Liebster kurz vorher totgefahren hatte. Sie überlebte den Selbstmordversuch und ist seitdem ein Ganztagspflegefall auf Lebenszeit. Der Unfall war eine Kurzschlussreaktion. Hätte es ein Sterbeset und eine öffentliche Diskussion über leichtsinnige Selbstmorde und ihre Risiken gegeben, wäre sie noch putzmunter, wahrscheinlich verheiratet und Mutter.

Das Wissen um die Möglichkeit eines sanften, sicheren Freitodes und das Wissen um die Risiken eines Selbstmordversuchs ohne Fachkenntnisse verändern die Denkweise und Lebenseinstellung. Man stirbt nicht unbedacht oder aus Versehen, wenn man weiß, wie es gemacht wird und gelingt. Der Tod durch ein Sterbeset ist eine vorbedachte, bewusste Handlung. Vom Erwerb bis zum Tod ist es ein weiter Weg, das schließt Kurzschlusshandlungen so gut wie aus.

Bitte erklären Sie mir, geschätzte Potentaten und Experten, warum ich mich grausam und qualvoll, mit hohem Risiko für mich und meine Mitmenschen umbringen darf, aber nicht mit einem Sterbeset, das einen schnellen, sicheren, sanften Tod zur Folge hat und niemand schadet. Selbst ein Misslingen würde keinen zusätzlichen Schaden anrichten, weder bei mir noch bei meinen Mitbürgern.

Berücksichtigen Sie bitte auch, dass ich ein mündiger Bundesbürger bin mit einer Ausstattung an Grundrechten, die mir einen fast göttlichen Status verleihen.

Eine letzte Frage: Laut Grundgesetz sind alle Bürger vor dem Gesetz gleich. Wieso werden mir dann Informationen, Rezepte und Medikamente vorenthalten, die Apothekern, Ärzten, Medizinern, Wissenschaftlern sowie

Juristen jederzeit zugänglich sind? Sind diese Personen gleicher, mündiger, klüger, weiser als ich? Haben sie Vorrechte, die sie über das Grundgesetz stellt? Liebe Potentaten und Entscheidungsträger, entweder Sie ändern unser Grundgesetz oder erklären mir schlüssig, verständlich und öffentlich, wieso es diese Widersprüche und Ungleichheiten gibt. Faule Tricks und Hintertürchen können Sie sich sparen, darauf falle ich nicht mehr herein.

Woher meine Gedanken über den Freitod kommen, will ich gerne aufzeigen. Sich zu öffnen gehört fairer Weise zu einer Diskussion. Ich wähle den kürzesten Weg, von der Jungsteinzeit bis ins 21. Jahrhundert nach Christi. Auf geht's:

In den vergangenen 6000 Jahren gab es im Schnitt pro Jahr zwei bis drei Kriege auf unserer schönen Erde. In diesen Kriegen wurden insgesamt rund 1,5 Milliarden Menschen massakriert und zehnmal soviel verkrüppelt. Die Krüppel waren Invaliden auf Lebenszeit. Im 21. Jahrhundert nach Christi geht das flott weiter. Seit der Wiedervereinigung Deutschlands standen und stehen an über zwanzig Brandherden auf der Erde wieder einmal deutsche Soldaten auf „Friedenswacht". Sie schießen und werden erschossen.

Das soll vorerst genügen, um die Ehrfurcht des Menschen vor dem Menschen aufzuzeigen.

Ohne Krieg sind wir auch nicht zimperlich, wenn es um Menschenleben geht. Als Journalisten Franz Josef Strauß, Bayerns berühmtesten Ministerpräsidenten, einst zu den Verkehrstoten befragten, antwortete er treffend: Sie seien der Blutzoll des Wohlstandes. Davon steht nichts im Grundgesetz. Auf deutschen Straßen starben, seit es die Bundesrepublik gibt, über 500 000 Menschen bei Verkehrsunfällen und zehnmal soviel wurden auf Lebenszeit verkrüppelt. Dagegen ist die Selbstmordrate in der Bundesrepublik, einschließlich ihrer Folgen, belanglos. Der Selbstmörder will sterben, der Unfalltote wollte es nicht!

Auch ohne Tote und Verletzte nehmen wir es mit der Lauterkeit und Menschlichkeit nicht allzu genau. Die versprochenen „blühenden Landschaften" in den neuen Bundesländern waren nach der Wiederwahl des „Kanzlers der Einheit" blitzschnell abgeblüht. Seit dem Jahr 2011 soll Deutschland den Euro retten. Wie denn? Unser Staat hat über zwei Billionen Euro Schulden angehäuft, pro Bürgerkopf 25 000 Euro. Laut Statistik, von Experten nach speziellen Kriterien errechnet, gibt es drei Millionen Arbeitslose. Schlicht und ehrlich addiert sind es sechs Millionen. Rund ein Drittel der Bundesbürger lebt an oder unter der deutschen Armutsgrenze. Sie lag im November 2011 bei 940 Euro im Monat. Die Sozialleistungen und Beihilfen sind in dieser Summe enthalten, es ist also kein Bargeld oder Nettobetrag. Offiziell, laut Statistik, gelten 15,6 Prozent der Bundesbürger als arm. Wer einen Euro über der Armutsgrenze liegt, ist bereits wohlhabend. Nur wenige Euroländer stehen besser da als Deutschland. Wann das alles zusammenbricht, ist nur eine Frage der Zeit, das ist meine Prognose. Ohne gemeinsame Sprache, also Eurosprache, ist ein geeintes Europa ohnehin nicht realisierbar. Englisch müsste für alle Euroländer Pflicht sein!

Gesellschaftspolitisch betrachtet könnte unser Staat über jeden Freitod nur glücklich sein, er betrifft überwiegend kranke, alte, arme, lebensmüde Bürger, die die Hoffnung auf ein menschenwürdiges Leben aufgegeben haben. Sich vorbeugend und schützend auf einen sanften Freitod einzustimmen, ist aus meiner Sicht eine gute Investition in die Zukunft. Wer wagt zu widersprechen?

Damit bin ich wieder beim Thema. Ich will keinem meinen Willen aufzwingen und mir von keinem seinen Willen aufzwingen lassen. Jeder soll über sich frei entscheiden dürfen, sofern das im Rahmen des Möglichen liegt. Das ist meine Meinung. Wenn ein tiefgläubiger Christ zwanzig Jahre im Wachkoma liegen will, um in den Himmel zu kommen oder weil er auf ein Wunder hofft, habe ich nichts dagegen. Das gleiche Recht fordere ich für mich, wenn ich ein Sterbeset für einen sanften Freitod in meiner Hausapotheke aufbewahren möchte.

Doch während zwanzig Jahre Wachkoma, einschließlich aller Kosten, für den Christen und die Gesellschaft legal sind, muss ich mir mein Natrium-Pentobarbital illegal besorgen. Unter dem scheinheiligen Mantel der Nächstenliebe drückt mir der Staat seinen Willen auf, versucht mich zu brechen und gefügig zu machen. Nur weil es ihm nicht in den Kram passt, zwingt er mich in die Illegalität und unter Umständen zu Kurzschlusshandlungen, die mir und anderen schaden.

Aber arbeiten soll ich für den Staat. Ein fleißiger Berufstätiger gefällt ihm. Wer nicht arbeiten will oder keine Arbeit findet, muss langsam mit „Harz IV" verrecken. Stichwort: „Wer nicht arbeitet, soll auch nicht essen."

Für den Tod durchs Hinterstübchen macht der Staat sogar Reklame. Zum Beispiel, wenn dadurch das Bruttosozialprodukt wächst, wenn mein Tod dem Staat Steuern, Ehre, Ruhm, Gewinne oder Wählerstimmen einbringen. Ich erinnere an Alkohol, Zigaretten, freie Fahrt für freie Bürger, gefallene Helden, Leistungssport (ist Mord), Arbeitsstress, Umweltverschmutzung, unlautere Werbung, Manipulation und Spekulation. Ist das das Gebot der Nächstenliebe? Das sind feine Manieren! Doch da ziehen alle Parteien und „Gerechten" an einem Strang. Unsere obdachlosen Mitbürger haben eine durchschnittliche Lebenserwartung von 47 Jahren. Brave Bürger, die ihre tägliche Pflicht erfüllen und vor sich hindämmern, dürfen 70 bis 80 Jahre leben, Politiker werden noch älter. Mich erinnert unser Staat an das Tote Meer. Der Wasserspiegel sinkt, der Salzgehalt steigt und obenauf treiben, fröhlich schnatternd, unsere Politiker und der Papst mit roten Schuhchen.

Was bleibt übrig? Ich muss irgendwie, illegal, meine Hausapotheke auffüllen und mir die erforderlichen Informationen sowie Wirkstoffe für einen sanften Tod beschaffen.

Wegen Verfassungsbruchs und Nötigung kündige ich unserem Staat meine Loyalität auf. Ich gehe nicht mehr wählen, kläre meine Mitbürger über unseren Staat auf und gebe ihnen zweckdienliche Hinweise, wie sie ihn unterlaufen können. Mein Wissen und Können teile ich mit meinen Freunden. Sollte die Staatsmacht, die Potentaten des Volkes, in eine Notlage geraten, werde ich mich ihrer eben so wenig annehmen, wie sie sich meiner annehmen. Mehr kann ich nicht tun. Nun regiert mal schön, ich schaue zu und freue mich über jeden Misserfolg.

Die meisten Bundesbürger werden, nachdem sie dieses Bekenntnis gelesen haben, empört und verstört sein. Lesen Sie es noch einmal, so schlecht ist es gar nicht.

Man kann sich ja auf ähnliche Weise viele Fragen stellen und beantworten: Warum muss eine erwachsene Frau, die eine ungewollte Schwangerschaft abbrechen will, sich vor anderen rechtfertigen und um Erlaubnis betteln? Warum gibt es keine Weltsprache, zumindest in allen Staaten, die Schulpflicht haben? Will man verhindern, dass wir Staatsbürger uns untereinander austauschen können? Warum ist Bildung Ländersache, will das Land Landeskinder züchten anstatt Weltbürger zu erziehen? Warum verschuldet sich die Staatsmacht auf Kosten ihrer Bürger und prellt sie durch Deflation und Inflation um ihre Ersparnisse? Wozu brauchen wir Kriege, sind wir Kanonenfutter?

Ich fühle mich manchmal wie ein kleiner Junge, der seine Eltern fragt, wo kommen die Kinder her? Und meine Eltern antworten, dafür bist du noch zu klein. Bohre ich weiter, erzählen sie mir irgendeinen Unsinn von Engelchen, dem Klapperstorch und Würfelzucker auf dem Fensterbrett. Nicht anders verschaukelt mich unser Staat.

Zur Erbauung einige Kuriositäten aus dem Konversationslexikon, also gesicherte Erkenntnisse. Mit Gewissheit ist der Eid des Hippokrates nicht von Hippokrates. Es gibt keinen einzigen Beleg und Beweis dafür. Aber den Schierlingsbecher gab es schon damals. Man mischte für einen sanften Tod das Gift des Schierlings mit Mohnsaft. Auch die Römer verwendeten Schierling mit Opium, das klappte offenbar ganz vorzüglich. Eine Zwischenfrage an unsere Kirche: Kommen klerikale Kinderschänder in den Himmel? Unsereiner käme ins Gefängnis und in den Himmel sowieso nicht, aber in geheiligter Erde werden alle, gemäß Gebührenordnung, beerdigt. Das war's, bis irgendwann.

Ein wahres Märchen

Ein alter Mann dachte über sein Leben nach. Er sagte sich, irgendwann habe ich mich überlebt, der Verfall setzt ein, ich werde meiner überdrüssig. Das wäre der ideale Zeitpunkt, bewusst und selbstbestimmt aus dem Leben zu scheiden. Wie stelle ich das am besten an? Leider gibt es in meinem Staat, der Bundesrepublik Deutschland (BRD), keine Sterbeberatung und Sterbehilfe, nur Quacksalber. Deshalb muss ich mich vorbedacht um meinen Wunschtod kümmern, so lange ich noch die Kraft dazu habe. Der kluge Mensch baut vor!

Um sich über die Sterbemöglichkeiten zu informieren, besuchte der alte Mann eine gut sortierte Bibliothek. Im Schlagwortverzeichnis schaute er unter „Tod, Sterben, Mord, Suizid, Selbstmord, Freitod" nach. Das Glück war ihm hold, er fand eine „Gebrauchsanleitung zum Selbstmord", ISBN 3-88592-023-8, punktgenau was er suchte. Nach der Lektüre, die ihm sehr zusagte, kam er zu dem Schluss, dass 15 Gramm reines Natrium-Pentobarbital, ein Schlafmittel, das ideale Medikament für seinen Wunschtod wäre. Der Sterbewillige löst es in einem Glas Wasser auf und trinkt das Glas leer. Innerhalb weniger Minuten schläft er ein und wacht mit Sicherheit nicht mehr auf. Einen schöneren Freitod konnte sich der alte Mann nicht vorstellen, einfach, schnell, schmerzfrei und preiswert. So würde er gerne sterben, wenn sein Leben ihm zur Last würde.

Frohgemut ging er in eine Apotheke und wollte 15 Gramm reines Natrium-Pentobarbital-Pulver kaufen. Er hatte vor, das Pulver in einer verschließbaren Dose im Kühlschrank aufzubewahren, bis seine Stunde gekommen sei. Der freundliche Apotheker schaute in seinem PC nach und sagte ihm, dass dieses Medikament in der BRD nicht mehr im Handel sei. Über den internationalen Handel könne er es eventuell besorgen, aber er benötige dafür ein personenbezogenes, ärztliches Rezept nach dem Betäubungsmittelgesetz. Dieses Rezept würde er überprüfen und dann das Medikament bestellen. Anders ginge es nicht, wegen der Gesetze.

Der alte Mann ging zu seinem Hausarzt und bat um ein entsprechendes Rezept. Der Hausarzt verweigerte es ihm. Alle anderen Ärzte, die er aufsuchte, ebenfalls. Na so was, sagte sich der alte Mann, das kann doch nicht wahr sein. Ich lebe im 21. Jahrhundert, in einer verfassungsmäßigen, parlamentarischen Demokratie. Wenn der Gesetzgeber mich entmündigt, indem er meinen Wunschtod erschwert und vereitelt, verstößt er gegen mehrere Artikel unseres Grundgesetzes. Da muss irgendetwas fürchterlich schief gelaufen sein. Oder bin ich schon verblödet? Um sich Klarheit zu verschaffen, formulierte der alte Mann eine Verfassungsbeschwerde. Als juristischer Laie war das nicht einfach, aber er sagte sich, die Verfassungsrichter sind ja Vollprofis und aufgeschlossene Intellektuelle, die werden schon begreifen, was ich meine. Hier der Ablauf:

Udo Wanke-Kreh
Trabuhn Nr. 29A
29485 Lemgow
Tel. 05883-657

Bundesverfassungsgericht
Postfach 1771
76006 Karlsruhe   Trabuhn, den 28.Juni 2014

Sehr geehrte Damen und Herren,

Recht auf freibestimmten Tod und Sterbehilfe

ich bin der Meinung, dass ich, wenn ich schon fremdbestimmt in diesen
Staat hineingeboren wurde, wenigstens das Recht auf einen freibestimmten Tod ohne Willkür haben sollte. Ich bin insofern akut betroffen, weil ich
seit vielen Jahren Krebs habe und er bereits gestreut hat. Als Beleg erhalten
Sie mit den Anlagen den letzten OP-Bericht sowie zwei radiologische Be-
funde. Weiterhin einen erklärenden Beitrag „Kann Sterben Sünde sein?",
der meine Grundeinstellung zum Sterben beinhaltet.

Aus meiner Sicht verstößt die unklare, für den Laien unverständliche
Gesetzgebung der Bundesrepublik Deutschland, bezogen auf den freibestimmten Tod, gegen die Präambel unseres Grundgesetzes (Selbstbestimmung) sowie gegen Art. 1, Art. 2 und Art. 3. Das betrifft insbesondere
die Unklarheit und das Tabuisieren des Themas für konkret Betroffene.
Es ist ja bereits unmöglich, sich ein empfohlenes und bewährtes Medikament zu besorgen, weil es vorsorglich aus dem Angebot der Apotheken
entfernt wurde.

Selbstverständlich werde ich alle weiteren nationalen und internationalen
Möglichkeiten nutzen, um eine Klärung meines Anliegens zu erreichen.

36

Schließlich bekennen sich die Schweiz und die Niederlande, ebenso wie die Bundesrepublik Deutschland zu den unverletzlichen und unveräußerlichen Menschenrechten, ohne dass ihre klaren Gesetze zur Sterbehilfe Anstoß erregen. Ich hoffe als direkt betroffener Bundesbürger, dessen Lebenserwartung durch den Krebs bereits eingeschränkt ist, auf eine baldige Entscheidung.

Mit freundlichem Gruß

Udo Wanke-Kreh
Dipl.-Ing., Lic. rer.publ.

<u>Anlagen</u>

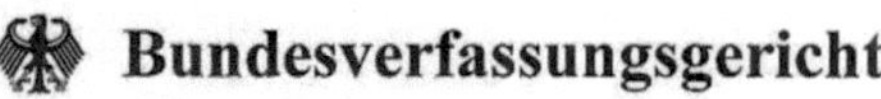

Bundesverfassungsgericht

- Allgemeines Register -

Herrn
Udo Wanke-Kreh
Trabuhn Nr. 29A
29485 Lemgow

Aktenzeichen	**Bearbeiter**	☎ **(0721)**	**Datum**
AR 4583/13	Herr Steinhauser	9101-406	02.07.2013
(bei Antwort bitte angeben)			

Ihr Schreiben vom 28. Juni 2014 (richtig wohl: 2013), hier eingegangen am 28. Juni 2013

1 Merkblatt

Sehr geehrter Herr Wanke-Kreh,

das Bundesverfassungsgericht kann nur im Rahmen seiner durch Gesetz festgelegten Zuständigkeit tätig werden. Danach kann der einzelne Bürger das Bundesverfassungsgericht lediglich mit
der Verfassungsbeschwerde anrufen, über deren Zulässigkeitsvoraussetzungen Sie das vorsorglich beigefügte Merkblatt informiert.

Ob Sie mit Ihrem Schreiben eine Verfassungsbeschwerde erheben wollen, kann diesem nicht
eindeutig entnommen werden. Jedenfalls können Sie aus dem beigefügten Merkblatt ersehen,
dass die Zulässigkeitsvoraussetzungen einer Verfassungsbeschwerde nach Ihrem Vorbringen
nicht gegeben erscheinen.

Außerhalb eines zulässigen Verfassungsbeschwerdeverfahrens hat das Bundesverfassungsgericht
aufgrund seiner im Gesetz erschöpfend und abschließend festgelegten Zuständigkeit keine Möglichkeit, auf Anträge Einzelner hin oder von Amts wegen tätig zu werden. Insbesondere ist es
nicht berechtigt, zu einem hier vorgetragenen Sachverhalt im Rahmen eines allgemeinen Mei-
nungsaustausches bzw. einer öffentlichen Diskussion mit dem Bürger Stellungnahmen abzuge-
ben oder verfassungsrechtliche Äußerungen zu erteilen. Auch übt das Bundesverfassungsgericht
keine Dienstaufsicht gegenüber den Gesetzgebungsorganen oder sonstigen Institutionen aus und

hat diesen gegenüber keine generellen Kontroll- oder Weisungsbefugnisse. Schließlich kann das Bundesverfassungsgericht auch keine allgemeine Überprüfung von gesetzlichen Bestimmungen ohne zulässigen Antrag vornehmen. Die Änderung von Gesetzen könnte nur durch den zuständigen Gesetzgeber erfolgen. Das Bundesverfassungsgericht kann hierauf grundsätzlich keinen Einfluss nehmen. Es ist am Gesetzgebungsverfahren nicht beteiligt (vgl. Art. 70 ff. GG).

Bei der sich aus Ihrem Vorbringen ergebenden Sach- und Rechtslage wird um Verständnis gebeten, dass auf Ihr Schreiben Weiteres vom Bundesverfassungsgericht leider nicht veranlasst werden kann (vgl. §§ 60, 61 GOBVerfG; siehe auch Abschnitt VIII des beigefügten Merkblatts).

Mit freundlichen Grüßen

Ingendaay-Herrmann
AR-Referentin

Beglaubigt

Regierungsangestellte

Udo Wanke-Kreh
Trabuhn Nr. 29A
29485 Lemgow
Tel. 05883-657

Bundesverfassungsgericht
Postfach 1771
76006 Karlsruhe   Trabuhn, den 12. Juli 2013

Mein Schreiben vom 28. Juni 2013 (fälschlich mit 2014 datiert)
Ihr Schreiben vom 02.07.2013, Aktenzeichen AR 4583/13

Verfassungsbeschwerde

Sehr geehrte Damen und Herren,

ergänzend zu unserem Schriftwechsel erweitere und konkretisiere ich
meine Verfassungsbeschwerde.

Nach deutschem Recht ist der Suizid kein Strafbestand. Folglich wäre auch
eine Beihilfe zum Suizid straflos. Leistet jedoch ein Bürger eine Beihilfe,
und sei es nur das Besorgen oder Bereitstellen eines vom Suizidwilligen
gewünschten Medikaments, kann er über § 211 (Mord), §§ 212 und 213
(Totschlag), § 216 (Tötung auf Verlangen) und § 323c des deutschen Straf-
gesetzbuches (StGB) belangt werden. Deshalb gibt es keine Beihilfe zum
Suizid, denn keiner ist bereit, die damit verbundenen Risiken einzugehen.

Es kommt noch dicker! Das derzeit bekannteste und bewährteste Medikament für einen Suizid, das Einnehmen von 15 Gramm Natrium-Pentobarbital, ist legal praktisch unmöglich. Dieses Medikament – mit dem

40

Handelsnamen Nembutal – wurde aus dem Handel genommen. Deutsche Apotheken können es noch nicht einmal auf Rezept besorgen. Ich habe mich gewissenhaft erkundigt.

Auf diese Weise werde ich, als Bundesbürger, quasi über die Hintertür entmündigt. Das erinnert mich sehr an die Willkür im Nazi-Deutschland, mit der Gleichschaltung der Justiz, so wie es mir und meinen Mitschülern in der BRD, in der Schule sowie durch die Massenmedien vermittelt wurde.

Die derzeitige Situation in der BRD verstößt gegen das Grundgesetz (GG), und zwar:

° gegen das im Grundgesetz garantierte Selbstbestimmungsrecht.

° gegen Art. 1 GG. Ich fühle mich in meiner Würde zutiefst verletzt (1).

Das Deutsche Volk **bekennt** sich zu unverletzlichen und unveräußerlichen Menschenrechten…(2). Vergleiche ich die Situation beim Suizid in der BRD mit der in anderen Ländern, Schweiz, Niederlande, Belgien, Luxemburg, Frankreich, frage ich mich, wie viele unterschiedliche Menschenrechte gibt es? Alle genannten Staaten **bekennen** sich zu den gleichen Menschenrechten, wie die BRD.

° gegen Art. 2 GG. „Jeder hat das Recht auf freie Entfaltung seiner Persönlichkeit…(1)" und „Die Freiheit der Person ist unverletzlich…(2)"

Die Rechtslage zum Suizid und ihre Auslegung verletzen eklatant meine Rechte gemäß Art. 2 (1) und (2).

° gegen Art. 3 GG (3). Wenn ein gläubiger Christ, um in den Himmel zu kommen, einen natürlichen Tod sterben will und dafür bereit ist, ein jahrelanges Siechtum hinzunehmen, respektiere ich das.

Ebenso muss die Gesellschaft laut GG respektieren, wenn ich als Atheist, gemäß meiner Anschauung, einen selbstgewählten Freitod vorziehe, ohne anderen zu schaden. Mein persönlicher Wille ist, auf eigenen Wunsch, einen raschen, absolut zuverlässigen, und vor allem völlig schmerzfreien Tod zu sterben. Das wäre mit der heutigen Medizin problemlos möglich.

Mit einem lachenden und einem weinenden Auge erwarte ich neugierig die Reaktion des Verfassungsgerichtes auf meine Verfassungsbeschwerde.

Mit freundlichem Gruß

Udo Wanke-Kreh
Dipl.-Ing., Lic. rer.publ.

 # Bundesverfassungsgericht

Erster Senat
- Geschäftsstelle -

Herrn
Udo Wanke-Kreh
Trabuhn Nr. 29 A
29485 Lemgow

Aktenzeichen	☎ (0721)	Datum
1 BvR 2085/13	**9101-342**	26.07.2013
(bei Antwort bitte angeben)		

Ihre Schreiben vom 28. Juni 2013 ff. (bisheriges Aktenzeichen: AR 4583/13)

Sehr geehrter Herr Wanke-Kreh,

Ihre Schreiben vom 28.06.2013 ff. (bisheriges Aktenzeichen: AR 4583/13) sind nunmehr in das Verfahrensregister unter dem Aktenzeichen

1 BvR 2085/13

eingetragen und der zuständigen Richterkammer zur Entscheidung vorgelegt worden.

Bei weiterem Schriftverkehr wird um Angabe des neuen Aktenzeichens gebeten.

Mit freundlichen Grüßen
Sommer
Amtsinspektorin

- Dieses Schreiben wurde mit Hilfe der Informationstechnik gefertigt und ist ohne Unterschrift gültig -

BUNDESVERFASSUNGSGERICHT

- 1 BvR 2085/13 -

In dem Verfahren

über

die Verfassungsbeschwerde

des Herrn Udo W a n k e - K r e h ,
Trabuhn Nr. 29 A, 29485 Lemgow,

gegen die unklare, für den Laien unverständliche Gesetzgebung der
Bundesrepublik Deutschland in Bezug auf den freibestimmten
Tod bzw. die derzeitige Rechtslage zum Suizid und ihre Auslegung

hat die 3. Kammer des Ersten Senats des Bundesverfassungsgerichts durch
den Vizepräsidenten Kirchhof,
den Richter Masing
und die Richterin Baer
gemäß § 93b in Verbindung mit § 93a BVerfGG in der Fassung der Bekannt-
machung vom 11. August 1993 (BGBl I S. 1473)
am 10. September 2013 einstimmig beschlossen:

Die Verfassungsbeschwerde wird nicht zur Entscheidung
angenommen.

Von einer Begründung wird nach § 93d Abs. 1 Satz 3 BVerfGG
abgesehen.

Diese Entscheidung ist unanfechtbar.

Kirchhof   Masing   Baer

Ausgefertigt
(Wagner)
Amtsinspektorin
als Urkundsbeamtin der Geschäftsstelle
des Bundesverfassungsgerichts

Anmerkung: Nach obigem § 93d können drei Richter, wenn sie sich einig sind, eine Verfassungsbeschwerde ohne Begründung ablehnen und diese Entscheidung für unanfechtbar erklären. Ein Gottesurteil?

Klarer, eindeutiger und unanfechtbarer konnte das Urteil nicht ausfallen. Das oberste Gericht hatte entschieden, der Fall war erledigt, die Fronten geklärt, der Dialog gescheitert. Das war ungeheuerlich. Das Bundesverfassungsgericht hütet, im Sinne des Gesetzgebers, das Grundgesetz und die Menschenrechte und verschanzt sich hinter Paragraphen. Ein Bundesbürger darf nicht einmal nach seiner Fasson sterben. Ein „christliches Sterbeverbot-Ermächtigungsgesetz" verbietet das. Im alten Mann wurden Erinnerungen wach. Da gab es doch ein Bild von der gleichgeschalteten Justiz in der wunderbaren Ausstellung „Fragen an die deutsche Geschichte", historische Ausstellung im Reichstagsgebäude in Berlin.

VI/242 Gleichgeschaltete Justiz

Was bin ich doch naiv! Husch ins Körbchen, sagte sich der alte Mann, sonst stecken sie dich womöglich in eine Klapsmühle. Sei bloß froh, wenn du der Staatsmacht nicht unangenehm auffällst. Eingeschüchtert ergab er sich seinem Schicksal und besorgte sich sein Natrium-Pentobarbital klammheimlich und leise auf illegale Weise.

Ein Blick ins Internet und dort, oh „Freude, schöner Götterfunken", wurde Natrium-Pentobarbital grammweise bis kilogrammweise angeboten. Die weltweite Nachfrage war riesengroß. Laut einer Anzeige verkaufte ein Anbieter hunderte Tonnen reines Natrium-Pentobarbital monatlich. Die Preise für kleine Mengen lagen um das Zehnfache bis Dreißigfache über den Erzeugerpreisen, und der Kunde musste Vorkasse zahlen. Die Anzeigen wirkten, schon wegen der hohen Preise, vertrauensbildend. Die Nachfrage regelt den Preis, sagte sich der alte Mann.

hyper*anzeigen*

Gesundheit, Kosmetik
Insgesammt 25 252 Anzeigen !
Anzeigen
Firmen
Konstenlose Kleinanzeigen, Anzeigen

Reine Nembutal (Natrium-Pentobarbital) Kapseln und flüssige - Detail der Anzeige

HyperAnzeigen » Gesundheit, Kosmetik » Medizinbedarf, Gesundheitsmittel » Anzeige Nr. 14206

Reine Nembutal (Natrium-Pentobarbital) Kapseln und flüssige

Anzeigenausschnitt im Internet

Der Ablauf: Der Kunde bestellt per Internet. Der Anbieter sagt eine sichere, diskrete Lieferung zu und fordert Vorkasse über eine Reisebank, wie „Western Union" oder „MoneyGram", an eine Deckadresse im Ausland.

Auch die Postbank in Deutschland macht diesen Geldtransfer. Der Kunde erhält eine Überweisungsquittung mit einer zehnstelligen Codenummer. Diese Codenummer faxt er über Internet an den Anbieter und erhält innerhalb weniger Tage die bestellte Ware – oder auch nicht! Im Internet tummeln sich ehrenwerte Dealer, Trickbetrüger und Rauschgiftfahnder. Alle versprechen das Blaue von Himmel, kassieren Vorkasse und nur wenige liefern korrekt. Mit Verlust muss man rechnen.

Empfehlung: Bestelle eine kleine Probe per Nachnahme, mit direkter Bezahlung beim Kurier oder Postboten. Sind der Service und die Ware einwandfrei, bestelle nach. Lässt sich der Anbieter nicht darauf ein, ist er ein Betrüger. Bei Preisen von 10 bis 30 Euro pro Gramm Natrium-Pentobarbital (das entspricht 10 bis 30 Millionen Euro Verkaufspreis für eine Tonne Schippenchemie) muss auch der Anbieter ein kleines Risiko eingehen. Seine Gewinnaussicht ist ja erheblich. Wer eine zuverlässige Quelle kennt, gibt sie an Freunde und Bekannte weiter. Gewissensbisse braucht keiner zu haben. Einen Menschen nicht einmal nach seiner Fasson sterben zu lassen, ist unentschuldbar. Vergleichbar mit Gestapomethoden. Das kennen wir ja zur Genüge!
So ein Deal ist fraglos erheblich preiswerter und beglückender, als legal, mit Selbstbeteiligung, von Pflegestufe eins bis drei durchgereicht zu werden. Wer das überlebt, wird meistbietend, gegen Handgeld, an eine Sterbeklinik verhökert und dort bis zu seinem letzten Atemzug betreut. Es ist ein Pakt mit dem Teufel im Ornat.

Jeder Bürger kann sich davon überzeugen. Er kann sich in Pflegeheimen nach einem Pflegeplatz erkundigen und sich die Einrichtungen ansehen. Auch als Besucher kann er sich mit Heimbewohnern und Pflegepersonal unterhalten. Auf diese Weise lässt sich der gesamte Ablauf exakt erfassen. Ein Pfiffikus könnte auch als Pflegeperson oder Pfleger alles live erleben. Es ist das reine Grauen. Fairerweise muss erwähnt werden, dass es Heimbewohner gibt, die glücklich und zufrieden sind. Für sie ist das Pflegeheim eine letzte Zufluchtsstätte, die sie behütet. Zwar sind die glücklichen Alten selten, aber es ist wunderbar, dass es Pflegheime für sie gibt. Der alte Mann kannte die Gegensätze. Er fragte sich, was ist das für ein Staat, in dem ich mir illegal, für hunderte Euro, 15 Gramm Natrium-Pentobarbital kaufen muss, um dieser „Wohlfahrt" zu entfliehen und nach meiner Fasson sterben zu dürfen? Was kann ein einzelner Bürger gegen eine solche Entmündigung unternehmen? Wie rechtfertigen unsere staatstragenden Politiker und Gesetzgeber ihr Handeln? Sie berufen sich, bezogen auf den Freitod, auf ihr Geschichtsbewusstsein, ihre besondere Verantwortung wegen des Holocausts, ihre christliche Nächstenliebe und den Sittenkodex. Das klang für den alten Mann nicht überzeugend. Dazu nur zwei kleine Beispiele:

1. Volkszählung, treffender Volkszähmung, im Jahr 1987: Es gab in Berlin viele Verweigerer, die die Fragebögen nicht ausfüllten. Der Berliner Senat drohte ihnen Strafen an, die um das Zehnfache höher waren, als die Strafen im Dritten Reich für das gleiche Vergehen. Der Bundespräsident, der Bundeskanzler, der Generalbundesanwalt, die Spitzenpolitiker aller staatstragenden Parteien und die Medien wurden darüber ausführlich informiert. Kein einziger der Politiker nahm dazu Stellung oder hatte Gewissensbisse wegen des Holocausts – obwohl sie als Intellektuelle doch wissen mussten, wozu die Nazis die Angaben der Volkszählung missbraucht hatten. Einzig die Zeitschrift „DAS BERLINER LÜGENBLÄTTCHEN" berichtete darüber.

2. Recht auf Arbeit: Sollte ein Verfassungsrechtler sich die Mühe machen, unser Grundgesetz, unter Berücksichtigung des angeblichen Geschichtsbewusstseins der Politiker, der Zielsetzung des Parlamentarischen Rates und des Bekenntnisses zu den Menschenrechten, zu analysieren, käme er zwingend zu dem Schluss, dass unser Grundgesetz das Recht auf Arbeit garantiert. Jeder Arbeitslose in der Bundesrepublik Deutschland ist ein Grundgesetzbruch. Unserer geschichtsbewussten Politiker müssten eigentlich wissen, dass die Arbeitslosen die Steigbügelhalter der Nationalsozialisten waren. Die Massenmedien, ausführlich informiert, ignorierten auch dieses Thema. Einzig die Zeitschrift „DAS BERLINER LÜGENBLÄTTCHEN" berichtete darüber.

Belege, Beweise und mehr dazu in „DER NICHTSNUTZ", Erster Band, Seiten 40-62, ISBN 978-3-00-038757-9, einzusehen in der Deutschen Nationalbibliothek.

Wie ist es mit dem Geschichtsbewusstsein, der Sitte und der Lauterkeit unserer Staatsdiener bestellt? Dazu nur einige Schlagworte: Staatsschulden; Arbeitslosigkeit; Umverteilung des Volksvermögens; Mindestlohn; Rentendebakel; Pannen bei der Wehrtechnik; Verkehrsprobleme; Afghanistankrieg; Datenschutz; Europleite; Bankencrash; Bildungsnotstand; Wahlversprechen. Wo versagen unsere Politiker nicht? – Bei ihren Diäten!

Der alte Mann fragte sich, was ist nur in unsere Demokratie gefahren? Wie kann man diesem Unwesen Einhalt gebieten? All die üblichen Aktionen, die er kannte und erlebt hatte, hatten sich als wirkungslos herausgestellt. Zum Beispiel:

Streiks; Wahlen; Petitionen; Appelle; Vernunft; Verstand; Erkenntnisse; Aufrufe; Terror; Demos; Proteste; Revolten; Eingaben; Aufbegehren; Klagen; Beschwerden; Aufstände; Bitten; Randale. Alles für die Katz!

Unsere Regierung und das Parlament sind von der Mehrheit der Bürger legitimiert. Sie haben durch die Exekutive, Legislative und Judikative Allmacht über das Volk. Unsere Demokratie ist de facto eine parlamentarische Diktatur. Deshalb läuft jedes Aufbegehren ins Leere. Was unsere Demokratie nicht umbringt, macht sie stärker!

Welche Chance habe ich alter Mann, mich gegen die Staatswillkür zu wehren, mich zu schützen und zu retten? Es ist fast unmöglich. Aber nur fast! Ich muss den enttäuschenden Staat überwinden.

Völlig legal, ohne negative Folgen für mich, kann ich mich davonschleichen. Zwei winzige, legale Nadelstiche sind meine Geheimwaffen: der Wahlboykott und Konsumboykott. Das sind die Achillesfersen jeder Staatsmacht.

Hochgerechnet verblutet der Staat, wenn viele Bürger heimlich zuste-
chen – punktieren nennen es die Mediziner. Schon die alten Chinesen
wussten das. Sinngemäß hieß es: Verliert der Herrscher das Vertrauen
des Volkes, verliert er die Macht über sein Volk. Der Nahe Osten versinkt
im Chaos, weil die Herrschenden das Vertrauen der Untertanen verloren. Auch die ehemalige DDR und das sozialistische Lager verbluteten
am Vertrauensverlust. Misstrauen, Gedanken, Gewissen kann man nicht
erschießen, einsperren und überprüfen. Auch dem Kapitalismus, der so
genannten freien Welt, droht das Verbluten, wenn er sich nicht wandelt.
Er wird schon merklich blasser.

Gebrauchsanleitung zum Wahlboykott: Jeder wahlberechtigte Bürger kann
ganz legal als Nichtwähler oder Scheinwähler die Wahlen boykottieren. Als
Nichtwähler ist er durch die Wahllisten erfasst und wird statistisch ausge-
wertet. Als Scheinwähler geht er zur Wahl und macht seinen Stimmzettel
ungültig. Einfach durchstreichen ohne etwas anzukreuzen. In diesem Fall ist
er nur als ungültige Stimme statistisch erfassbar, mehr weiß der Staat nicht
von ihm. Ginge zum Beispiel der Bundespräsident nicht wählen, wäre die
Hölle los. Machte er seinen Stimmzettel ungültig, wüsste keiner, dass er
das war. Der Scheinwähler wahrt den Schein. Nicht zu empfehlen ist die
Protestwahl, denn dann stärkt man mitunter eine Partei, die einem noch
widerlicher ist, als die meisten anderen. Das kann leicht ins Auge gehen.

Das Erfolgserlebnis, die große Schadenfreude, ist der Wahlabend, wenn die
Nichtwähler und Scheinwähler mehr Stimmen verbuchen als die stärkste
Partei. Im Jahr 2009 gelang das, die „Partei der Nichtwähler" kam auf
29,2 Prozent. Sie summierte sich auf 18,2 Millionen Bürger von insgesamt
62,2 Millionen Wahlberechtigten. Im Jahr 2013 waren 61,8 Millionen Bürger wahlberechtigt, die Nichtwähler verzeichneten mit 27 Prozent leichte
Verluste. Sie waren immer noch 16,7 Millionen, eine Traumquote für die
meisten Parteien. Da geht einem das Herz auf, das verbindet. Bei über 50
Prozent Nichtwählern ist vermutlich der Vertrauensbonus der Parteien
überschritten. Der Staat wird sich wandeln müssen oder untergehen. Die

Forderungen der Nichtwähler liegen auf dem Tisch, sie brauchten nur erfüllt zu werden. Es lohnt nicht, diesen Staat zu erhalten!

Gebrauchsanleitung zum Konsumboykott: Der Konsumboykott wirkt bereits bei verhältnismäßig wenig Boykotteuren zerstörerisch. Der Bürger verzichtet auf alles, was er nicht unbedingt und zwingend benötigt. Er kauft nur das Allernotwendigste. Das kann zur Sucht werden! Nicht der ist der Reichste, der am meisten hat, sondern der, der am wenigsten braucht. Das ist die Boykottphilosophie. Die Lebenseinstellung, Denkweise und Wünsche ändern sich.

Auf allen Waren und Dienstleistungen, die ein Bürger kauft, liegt eine Handelsspanne von ein paar hundert bis ein paar tausend Prozent, je nach Werbung und Nachfrage. Hinzu kommt der Erzeugerpreis. Im Vergleich zur Inflationsrate, in der Regel ein bis zwei Prozent, ist jeder Einkauf ein gewaltiges Verlustgeschäft. Auf was könnte ein Suchtmuffel verzichten:

Auto, Fernseher, Internet, Handy, Pauschalreisen, Bezahlkultur, Gastronomie, Mode, Kosmetik, Luxuswaren, Alkohol, Rauchen, Naschen, exklusive Rauschmittel, mondäne Freunde und Freundinnen, moderne Wohnungseinrichtung, teure Hobbys und Sportarten. Auch beim Essen ließe sich sparen. Ein spätes Frühstück und ein frühes, warmes Abendbrot, selbst gekocht, reichen völlig aus. Zum Beispiel: Eierkuchen mit selbst gemachter Marmelade, angemachter Quark mit Pellkartoffeln, Tomatensoße mit Spagetti, Ei mit Bratkartoffeln und jungen Erbsen, Eintopf, Kartoffelpuffer, ab und an Fisch und Fleisch. Alles schmeckt, ein kleiner Hunger ist der beste Koch.

Was sich ein Konsummuffel kauft, ist vorbedacht und sorgfältig überprüft. Er achtet auf Qualität, orientiert sich an persönlichen Erfahrungen, vertrauenswürdigen Personen, an der „Stiftung Warentest" und Gesinnungsfreunden. Werbung, Angebote, Vertreter, Wurfsendungen, Massenmedien, alles Aufdringliche wandert unbeachtet, ungelesen, ungehört in den

Wohlstandsmüll. In der Öffentlichkeit ist der Muffel loyal, hilfsbereit und unerhört kauffreudig – nur leider hat er Schulden, das glaubt ihm jeder.

Was macht ein süchtiger Konsummuffel mit seinen Ersparnissen, dem schnöden Mammon? Dazu ein paar Tipps für Kleinsparer:

Der Muffel mietet sich ein Bankschließfach und füllt es mit seinen Schätzen. Durch das Schließfach und das Bankgeheimnis entzieht er seine Ersparnisse dem Geldkreislauf und dem staatlichen Zugriff. Hat sich ein Häuflein Geld angesammelt, tauscht er es in verschiedene Währungen. Zu empfehlen sind Währungen von schuldenfreien Staaten mit großen Rohstoffreserven, beispielsweise die norwegische Krone oder (das behielt der alte Mann für sich). Mit etwas Glück und Geschick kompensiert der Muffel dadurch sogar die Inflationsrate. Vorteilhaft ist auch, dass nur er Zugriff auf sein Schließfach hat und jederzeit über seine Ersparnisse verfügen kann.

Sollten durch Spekulationen die Edelmetallpreise abstürzen, kauft der Muffel sich, ab einem selbst bestimmten Kaufpreis, kleine Barren, 20 bis 50 Gramm. Die kleinen Barren lassen sich in Notzeiten als direktes Zahlungsmittel nutzen. Erfahrungsgemäß steigt dann auch der Wert der Edelmetalle.

Wer sich von seinen Ersparnissen ein solides Eigenheim kauft, das er bar bezahlt und selbst nutzt, hat nichts verkehrt gemacht. Er wohnt seine vorfinanzierte Miete ab, und die Immobilie bleibt, gut erhalten, eine Geldanlage. Ein Dach über dem Kopf braucht jeder.

Keine schlechte Idee ist, sich hochwertiges Ackerland zu kaufen und es mit Vorkaufsrecht an einen Landwirt zu verpachten. Der Landwirt wird es im eigenen Interesse bestellen und pflegen, und einen potentiellen Käufer hat man ebenfalls. In echten Notzeiten könnte man sein Ackerland bei dem Landwirt gegen Naturalien tauschen. Für beide ein prima Geschäft.

Auch Renten- und Lebensversicherungen bieten sich an, das ist allerdings eine schwierige Geldanlage. Dafür sollte der Muffel erfahrene, vertrauenswürdige und bewährte Berater hinzuziehen. Einige obligatorische Versicherungen, die durch mehrere große Versicherungen abgesichert sind, wären ein vertretbares Risiko. Für einige Berufsgruppen gibt es solche Zusatzversicherungen, die sich bewährt haben.

Hat sich der Konsummuffel auf diese oder ähnliche Weise seine materielle Existenz gesichert, läuft er unauffällig und angepasst in der Herde mit und pflegt seine Anlagen. Viel kann nicht schief gehen, weil er der breiten Masse der Mitbürger eine Nasenlänge voraus ist. Das reicht aus, um den völligen Absturz zu vermeiden. Als allerletzten Trost hätte er immer noch sein „Schlafmittel".

Der Wahlboykott und Konsumboykott gehören zum legalen, passiven Widerstand des Bürgers. Bleibt alles beim Alten, hat der Scheinwähler und Konsummuffel Vorteile von seiner Lebensweise und Lebenseinstellung. Gerät der Staat aus den Fugen, kann ihm das nur recht sein. Es ist sinnlos zur Unzeit gegen den Strom schwimmen zu wollen. Der Staat stirbt langsamer als seine Bürger.

Als Ersatzdrogen für den Konsumverzicht bieten sich ideelle Vergnügen an. Der Bürger pflegt seinen Körper, seinen Geist, seine Seele – so er hat – und seine Interessen. Das Angebot ist unendlich, ein Menschenleben zu kurz um es auszuschöpfen. Die Kunst der Auswahl und Bescheidenheit bestimmen des Muffels Lebensfreude. Aus dem Gedankengut des alten Mannes einige Anregungen:

Um seinen Körper fit zu halten, ist eine ausgefeilte Gymnastik von einer halben Stunde täglich ausreichend. Man braucht fast nichts. Vielleicht eine Stange für Klimmzüge und ein paar Hanteln für Genießer. Täglich eine bis zwei Stunden fahrradfahren oder spazieren gehen, ist nicht ungesund. Ein Begleithund kann das versüßen, er fordert sein Gassi ein und überwindet schwanzwedelnd die Trägheit von Frauchen oder Herrchen. Öfters mal ein Saunatag ist kein schlechter Tipp. Wer die Kunst des Saunens beherrscht, ist anschließend frisch und putzmunter. Wer sportlich ist, kann seinen Sport zum erfüllenden Hobby ausbauen.

Zur Pflege des Geistes bieten sich täglich zwei bis drei Stunden Denken an. Mehr schafft ein Durchschnittsbürger ohnehin nicht. Möglichkeiten sind studieren, schreiben, musizieren, künstlerische Betätigungen, spielen sowie alle Hobbys, die Geist erfordern.

Die Seele liebt die Liebe. Ein Schatz auf dem Schoß und seiner Urnatur folgen, kann sehr beglückend sein. Einmal im Monat Freunde und Bekannte zum Essen und Gedankenaustausch einladen ist anregend. Im Wechsel ist es gesellig und belebend. Spielabende sind auch kein schlechter Tipp. Das alles darf nur nicht zur Pflicht und Gewohnheit werden.

Die alltägliche Hausarbeit und Hygiene erfordern ebenfalls ihren Tribut. Mit etwas Geschick und Organisationstalent kann das zur Erbauung bei-tragen.

Die Berufstätigkeit muss man meistens einbauen. Täglich fremdbestimmt das Gleiche zu tun, ist nicht jedermanns Vergnügen. Doch in der Not frisst der Teufel Fliegen. Ideal ist, wenn durch die eigenen Hobbys das Überlebensnotwendige mit abfällt. Das ist leider nur selten der Fall. Es gibt Ausnahmemenschen, in denen lukrative Talente schlummern, die sich mit Fleiß zum Lebensunterhalt eignen. Der alte Mann gehört leider nicht dazu, doch manchmal träumt er davon.

Mit der geschilderten Freizeitgestaltung und Lebenseinstellung könnte der Konsummuffel die Bezahlvergnügen kompensieren und mit einer gewissen Herablassung auf die Staatspolitik pfeifen. Alle Vorschläge des alten Mannes sind legal und verfassungskonform. Der Scheinwähler und Konsummuffel schadet niemand. Er nutzt seine winzig kleine Chance, um nach seiner

Fasson zu leben, ohne sich von der Staatsmacht, dem Handel, der Wirtschaft und der Finanzindustrie zermahlen zu lassen. Die eigene Welt ist die kleinste und reichste!

DENKPAUSE

Weil der alte Mann nichts zu verlieren hat, schreibt er seine Pausengedanken auf. Hier sind sie:

° „Du bist Deutschland" hat die Bundeskanzlerin Angela Merkel zu mir gesagt – aber lass dich nicht erwischen, habe ich vorsichtshalber ergänzt. Treudeutsch lebe ich als stiller Dissident, Scheinwähler und Konsummuffel dahin. Ab und an labe ich mich an der Gesinnung meiner schlafenden Mitbürger mit der „Gnade der späten Geburt" und schreibe heimlich auf, was ich über sie denke und mit ihnen erlebe.

° Dass unser Staat mit dem Freitod nicht hausieren geht, dafür habe ich Verständnis. Dass er den Freitod tabuisiert und ein Sterbewilliger noch nicht einmal nach seiner Fasson sterben darf, ist unmenschlich und unentschuldbar. Die dafür verantwortlichen Kreise, Politiker und Parteien sind keine Vorbilder, sondern Leichenfledderer. Nach dem Tod folgen ja noch das Beerdigungsinstitut, der Gottesacker – das teuerste Ackerland weltweit – und eventuell die Erbschaftssteuer.

Für mich gehört für jeden mündigen Bürger das „Recht auf einen frei bestimmten Tod" zu seinen unantastbaren Grundrechten. Wenn der Mensch schon keinen Einfluss auf seine Geburt hat, muss er wenigstens die Chance erhalten, sein eigens Leben würdig beenden zu dürfen. Ich sterbe, wann es mir passt und nicht auf fremden Ruf! Dieser Staat hat versagt, meine Verfassungsbeschwerde belegt das. Deshalb muss ich meinen Weg gehen.

° Die Erkenntnis, in eine Gesellschaft hineingeboren und von ihr gelebt zu werden, also als organischer Roboter entmündigt und fremdbestimmt dahinleben zu müssen, ist für mich schrecklich und bitter. Unser Staat ist außer mir, ich bin außer mich! – Hilflos ausgeliefert, ein Gefangener im Steinbruch überholter Ideologien.

° Wenn parlamentarische Demokratie bedeutet, dass die Meinung und der Glaube einer manipulierten Mehrheit über dem Verstand, der Vernunft, dem Grundgesetz und den Menschenrechten stehen, dann ist diese Staatsform ein Untergangszenarium. Wer heute versucht, nach dem Grundgesetz und den Menschenrechten zu leben, steht mit einem Bein im Zuchthaus. Ein verlorenes Land, ein Kaleidoskop des Scheins, ein Wegwerfartikel mit Sinnkrise.

° Schaut euch unsere Politiker an. Mischt man sie durch und verteilt sie beliebig auf die Parteien, wie beim Kartengeben, würde das keinem auffallen. Ebenso funktionieren die Wähler, sie haben keine eigene Meinung sondern nur beliebig manipulierbare Interessen. Die Statistiker und Propagandisten der Parteien entscheiden über Sieg und Niederlage. Einem Regenwurm Stabhochsprung beizubringen ist einfacher als einem Bundesbürger das Denken. Wozu haben wir unser Wissen aufgezeichnet und allgemeinverständlich formuliert? Das sind doch unsere Erfahrungen, Erkenntnisse, Handlungsspielräume und nicht das dumme Geklapper und Geplapper von Scharlatanen, Karrieristen, Sekten, Interessengruppen und Bildungsphilistern.

° Die so genannten Westmächte, unsere „freie Welt", sind Verfallsdemokratien. Die Ideen des 19. und 20. Jahrhunderts sind weitgehend überholt und haben sich als Irrwege herausgestellt. Der Bürger rotiert als Konsumkreisläufer in einer Placeboidylle. Im Schwerpunkt hocken korrupte Nutznießer mit dem Niveau von Geldzählautomaten.

° Sieben Fragen an meine braven Mitbürger:

1. Was bedeutet es, wenn eine Staatsmacht das Staatsziel Vollbeschäftigung propagiert und es nach über 40 Jahren noch immer nicht erreicht hat?

2. Was bedeutet es, wenn der Staat Sparappelle verkündet, aber die Staatsschulden in den nachfolgenden 40 Jahren um rund 400 000 Prozent (von einer Milliarde DM auf zwei Billionen Euro) steigen?

3. Was bedeutet es, wenn die Automobilindustrie in eine Krise gerät und die Staatsregierung, die Allgemeinheit, sie mit einer „Abwrackprämie" und zusätzlichen Hilfen unterstützen muss?

4. Was bedeutet es, wenn alle Parteien dem Wähler vor der Wahl Versprechungen machen, die sie nach der Wahl nicht einlösen?

5. Was bedeutet es, wenn die Banken sich aus reiner Geldgier verzocken und der Staat, die Allgemeinheit, sie mit Milliardenzuschüssen retten muss? Wenn die Gewinne privatisiert und die Verluste verstaatlicht werden?

6. Was bedeutet es, wenn der Bürger das Recht auf seinen Freitod hat, ihm aber ein würdevoller Freitod nach seiner Fasson unmöglich gemacht wird, obwohl sein Wunschtod problemlos möglich wäre und den Staat sowie der Allgemeinheit keinen Cent kosten würde?

7. Was bedeutet es, wenn der Staat durch sein Bildungsmonopol und die Wirtschaft durch ihre Werbung und Propaganda die Bürger zu unmündigen Marionetten manipulieren und für ihre Interessen missbrauchen?

Die Antworten wären „ehrenrührig" und „strafbar", aber – „Die Gedanken sind frei …".

° Was unterscheidet uns von der Massentierhaltung, die wir verdammen? Unsere Hühner auf den Hühnerfarmen werden optimal versorgt und hundertprozentig vermarktet. Unterkunft, Aufzucht, Futter, Getränke, medizinische Betreuung, Musik, alles bekommen sie. Als Eierleger und Masthähnchen wachsen sie unter optimalen Bedingungen zum Wohle der Menschen auf. Sogar die Hühnerkacke ist ein hochwertiger Dünger, deutsches Hühner-„Guano". Das alles streben wir auch für uns an. Die Vollverwertung des Bürgers wird vom Staat mit Hochdruck betrieben, zufriedene Wähler danken es ihm. Wir leben und sterben für unseren Staat, für das Bruttosozialprodukt. Selbst Siechtum und Sterben sind ein lukrativer Markt. Deshalb ist der Freitod verpönt, er schadet der Wirtschaft. Wer alt und hilflos ist, wird zum Brot der Samariter. Das ist seine letzte Bestimmung. Mensch gib acht, dass nicht dein stilles Glück im Winkel, je im Leben, mal so eben, wird zerstört durch andrer neidisches Gepinkel!

° Gerade habe ich begriffen, dass junge Menschen, die 20 Jahre lang durch ihre Erziehung, Bildung und Lebensumstände geprägt wurden, sich kaum noch ändern. Deshalb ist die Menschheit, wenn sie zu keiner Übereinkunft findet, zum Scheitern verurteilt. Unsere verschiedenen Staatsmodelle und Gesellschaften sind in ihrer Unvereinbarkeit lebensfeindlich. Eine besondere Verantwortung liegt bei den Intellektuellen – erhebt euch! Die Tragik unserer Weltgemeinschaft ist, dass wir wissen, was schief läuft. In jeder Bibliothek ist es unschwer nachzulesen und zu begreifen. Besinnt euch! Es gibt keinen Gott über uns, wir müssen uns selber helfen: Flechten wir eine Arche aus Menschen!

DENKPAUSENENDE

Was uns Menschen fehlt, ist ein allgemeinverbindlicher Grundkonsens, der uns durchs Leben trägt. Jeder Mensch sollte den Wunsch und Willen haben, ein Übergang für eine bessere Welt zu sein.

Ein verhallter Notschrei!

Im Zusammenhang mit dem Thema Sterbehilfe und unserer Verfassungsbeschwerde verfassten wir eine Pressemitteilung, die an 15 Medien versandt wurde. Keins brachte die Moritat, warum wohl? Unsere Beschwerde gegen die BRD beim Europäischen Gerichtshof für Menschenrechte läuft noch. Ganz so abwegig scheint unser Anliegen nicht zu sein. Wir wollen dem geneigten Leser diese Aktionen nicht vorenthalten.

**Vamppyhrrhusverlag und
Agentur Wendland**

P r e s s e m i t t e i l u n g

Inquisitoren in roter Robe
Klage gegen den Paragrafen 93 des Bundesverfassungsgerichtsgesetzes

Darf das Bundesverfassungsgericht (BVerfG) die Beschwerde eines Bürgers **ohne Begrün-dung** zurückweisen und den Spruch für **unanfechtbar** erklären, obwohl die Beschwerde angenommen worden war? So verfuhren **drei Richter** der 3. Kammer des Ersten Senats des Bundesverfassungsgerichts mit einem Kläger, der sein Grundrecht auf Selbstbestimmung verletzt sieht. Das Höchste Gericht berief sich dabei auf den § 93 Bundesverfassungsge-richtsgesetz (BVerfGG).

Der Spruch der Verfassungsrichter ist nicht nur ein **Verstoß** gegen die Grundordnung des freiheitlich-demokratischen Verfassungsstaats Bundesrepublik Deutschland, die Menschen-rechte und Grundrechte des Grundgesetzes (GG), sondern auch ein **Merkmal von Inquisiti-on**.

Dies lässt sich begründen mit dem Verweis auf das mittelalterliche Strafverfahren der **Inqui-sitori di stato** (Staatsinquisitoren). Danach wechselten ab dem Jahr 1539 in Venedig jährlich die **drei höchsten Richter** des Staates. Im Rat der Zehn bildeten sie den Untersuchungsaus-schuss gegen Umstürzler.

Im Mittelalter war Willkürherrschaft üblich, Inquisitionsgerichte waren Mittel des Herr-schaftsapparats. Nun zeigt sich, dass Spuren dieser Gerichtsform in Deutschland noch vor-handen sind. Das ist bedenklich. Die Bundespublik geißelt andere Staaten wegen ihrer Rechtsprechung, müsste aber selbst am Pranger stehen.

Da der Rechtsweg in der Bundesrepublik Deutschland ausgeschöpft ist, geht die Beschwerde gegen den Paragrafen 93 BVerfGG nun an den Europäischen Gerichtshof und Internationalen Gerichtshof.

Trabuhn, Februar 2014

Anlagen:(sieh Seite 2)

ISdPG: **Vamppyrrhusverlag und Agentur Wendland. Anschrift: Vamppyrrhusverlag, Trabuhn Nr. 29A, 29485 Lemgow, Tel. (0049) 05883 657**

Beschwerde gegen die Bundesrepublik Deutschland (BRD) wegen Paragraph 93 Bundesverfassungsgerichtsgesetz (§ 93 BVerfGG)

Die Bundesrepublik Deutschland bekennt sich in ihrem Grundgesetz (GG) zu den unveräußerlichen Menschenrechten und zur Selbstbestimmung.

Ich habe mich in meiner Verfassungsbeschwerde vom 28. Juni 2013 auf das Grundgesetz Artikel 1 /Schutz der Menschenwürde/, Artikel 2 / Allgemeines Persönlichkeitsrecht/ und Artikel 3 /Gleichheit vor dem Gesetz/ berufen. Diese Artikel entsprechen im Sinn und Geist den Menschenrechten.

Das Bundesverfassungsgericht hat meine Verfassungsbeschwerde der zuständigen Richterkammer zur Entscheidung vorgelegt. Die 3. Kammer des Ersten Senats des Bundesverfassungsgerichtes hat meine Beschwerde gemäß Paragraph 93 Bundesverfassungsgerichtsgesetz nicht zur Entscheidung angenommen und von einer Begründung abgesehen. Ihre Entscheidung erklärten die Verfassungsrichter für unanfechtbar. Für mich ist das Verfahren, eine Entscheidung per Gesetz nicht zu begründen und für unanfechtbar zu erklären, unverständlich und unannehmbar.

Mit ihrer Entscheidung gemäß Paragraph 93 Bundesverfassungsgerichtsgesetz hat das Bundesverfassungsgericht meines Erachtens de jure und de facto die im Grundgesetz angeführten Grundrechte Artikel 1, 2 und 3 (Menschenrechte) verletzt.

Entscheidungen, die das Bundesverfassungsgericht als höchste Gerichtsinstanz im Staat trifft, müssen meiner Meinung nach begründet werden, um das Persönlichkeitsrecht des Bürgers zu wahren und einen willkürlichen Missbrauch durch die Staatsmacht auszuschließen. Ich erinnere in diesem Zusammenhang an das Ermächtigungsgesetz und die Gleichschaltung der Justiz im 3. Reich in Deutschland.

Anmerkung: Ich bin an unheilbarem Krebs erkrankt und habe eine Rente von 700 Euro im Monat. In der Sprache Deutsch kann ich mich einigermaßen artikulieren. Als Fremdsprache spreche ich nur ein wenig „Küchenenglisch". Einen Rechtsanwalt und Übersetzer kann ich mir nicht leisten. Deshalb hoffe ich, dass die vorliegenden Informationen für eine Entscheidung ausreichen. Für mich stellt sich in diesem Zusammenhang die Frage: Ist ein Durchschnittsbürger und juristischer Laie überhaupt befähigt, seine Grund- und Menschenrechte einzuklagen? Meine Verfassungsbeschwerde ist ein anschauliches Beispiel für die Ohnmacht des Bürgers gegenüber der Staatsmacht und der Justiz.

Frühlingsbrief aus der Provinz

Was im Frühling des Jahres 2014 als Problemlösung für die Altenpflege durchsickert, geht in die falsche Richtung. Den Politikern fällt nichts Besseres ein, als nach dem Gießkannenprinzip Geld zu versprechen, das sie nicht haben und alle Entscheidungen auf die lange Bank zu schieben. Sie begreifen nicht, worum es geht.

Mit noch soviel Geld, Trost, Versprechen und Umverteilung können sie keinem alten Menschen sein verpatztes Leben zurückgeben. Wichtiger sind die Lebenseinstellung und Einsicht. Ich zum Beispiel bin todkrank, nicht unglücklich, brauche keine Almosen und keinen Trost, weil ich meinen Zustand begriffen habe, mich annehme. Ich habe einen ausgezeichneten Arzt, der tausende ähnliche Krankenfälle kennt, das ist sein Job. Wir verstehen uns prächtig. Mein Arzt schenkt mir reinen Wein ein, erklärt mir, was mir fehlt, was medizinisch möglich ist und wie es voraussichtlich zu Ende geht. Ich weiß, was mich erwartet, was ich will und tue – und jetzt lasse ich die Sau raus!

So wie ich denke, geht es vielen Alten und Kranken in der BRD. Wir sind keine Idioten, die Streicheleinheiten brauchen und Pampers mit Kirchenmusik. Wir wollen nichts weiter, als frei bestimmt aus dem Leben scheiden, wann es uns passt. Hölle oder Himmel, Holocaust und Sittenkodex sind uns egal, das sind keine aufrichtigen Argumente. Das Geld für ein legales, erstklassiges, sicheres Sterbeset und die Beerdigung ist vorhanden. Staatliche Zuschüsse und Almosen überflüssig.

Was wir nicht wollen, ist Pfusch, das Verschlimmern unserer Krankheit durch misslungene Pflege und Selbstmordversuche. Keiner von uns will seine Mitbürger in Gefahr bringen, zum Beispiel durch eine unvorsichtige Gasexplosion, die Notbremsung eines Zuges, weil man sich davor geworfen hat, einen Autounfall als Geisterfahrer mit Höchstgeschwindigkeit. Auch Siechtum ist für uns keine Alternative. Ohne aktive, geistige und körperliche Betätigung ist das Leben für viele Menschen sinnlos, ein qualvolles, hilfloses, ohnmächtiges, langsames Absterben. Sind unsere 631 Parlamentarier im Parlament und die Regierung, der die besten Denker und Wissenschaftler des Staates jederzeit mit Rat und Tat zur Verfügung stehen, zu dämlich, das zu begreifen? Wie deutlich müssen wir noch werden?!

Unsere Staatslenker und Parteisoldaten schwafeln totalen Blödsinn daher, offenbar ohne einen blassen Schimmer von der Wirklichkeit. Wenn vom Parlament, im Herbst 2014, wieder nur Wischiwaschigeplapper kommt, dann machen wir gegen die verlogenen Parteien Abwahl-Wahlkampf ohne Ende. Das ist ein Versprechen!

Wenn jeder Inkontinenzler nur eine unbenutzte Protest-Pamper an den Gesundheitsminister schickt, dann sind das hunderte Tonnen Nächstenliebe und Barmherzigkeit, um ein Umdenken anzumahnen. Das Porto können wir uns leisten.

Wie sieht im Rückblick das Leben von uns so genannten Normalbürgern und Arbeitnehmern aus? Kuckt mal einer versehentlich über den Tellerrand, steht er fassungslos vor seinem eigenen Scherbenhaufen. Wir wurden zu organischen Staatsrobotern manipuliert, und wenn wir das als Rentner, im „wohlverdienten Ruhestand", begreifen, ist es längst zu spät.

Das Gequassel und die Verlautbarungen unserer Staatslenker entbehren jeglicher Logik, es sind Sandmännchendebatten. Unser wohlfeiler Staat zockt uns zu Lebzeiten mit Steuern und Propaganda ab. Sogar viele unserer Parlamentarier sind als übergewichtige Alkoholiker in ihre eigene Falle getappt.

Es ist unfassbar, einem todkranken Bürger, der nur noch sinnlos dahinsiecht und 24 Stunden versorgt werden muss, seinen persönlichen Sterbewunsch zu vermasseln, ihn als karitativen Goldesel bis zum letzen Herzschlag am Leben zu erhalten. Unsere Parlamentarier, insbesondere die Hosianna-Lobby, gehören in die Klapsmühle oder mindestens ins Kloster, aber nicht als Volksvertreter ins Parlament. Das ist meine persönliche Meinung.

Nun regt euch mal schön auf

P.S.: Auch mir kommt die Suppe hoch, wenn ich täglich höre: Die Russen kommen – Die gelbe Gefahr – Obama der Friedensnobelpreisträger – Afrika befrieden – Abwrackprämie – Bankenrettung – Waffenexporte – Vereintes Europa – Der neue Papst für die Armen – Ein Echo vom Urknall – Handyweitwurf – Pornoskandal – Steuerhinterziehung – Cyberkrieg – Frauenquote – Gauck boykottiert die Winterspiele in Sotschi.

Aber wehe, ein altes, krankes Bürgerlein will ganz legal, friedlich, still, schmerzlos sterben. Das ist ein unentschuldbares moralisches, sittliches, ethisches, religiöses Vergehen. Da entdecken unsere Parlamentarier ihr so genanntes Gewissen und sind empört über die mangelnde Ehrfurcht vor Gott und dem Leben. Es ist peinlich ein Bundesbürger zu sein.

Ich flippe und raste nicht aus, damit die Staatsmacht mich nicht selbstgerecht, als Exempel, einsperren und entmündigen kann, sondern ich klage an und stelle bloß: Seht her Bürger, das ist unser Staat, das sind unsere Politiker, die wir gewählt haben. Sind das noch Menschen? Was sagt ihr dazu, was ist eure Meinung?

Freund Hein

Am liebsten würde ich, wie bereits erwähnt, mit einem glücklichen Lächeln auf den Lippen, sanft und schmerzlos entschlafen. Einen solchen Tod würde ich sofort, morgen oder irgendwann herzlich begrüßen. Leider ist er nur wenigen Menschen beschieden. Viele quälen sich Jahrzehnte, siechen körperlich und geistig dahin und verröcheln elend. Deshalb möchte ich ein wenig nachhelfen, wenn mein Leben für mich nicht mehr lebenswert ist. Die Gebrauchsanleitung dafür entspricht den üblichen Empfehlungen der „Sterbehilfe". Ein leichtes Mahl, einige Tabletten gegen Erbrechen, ein Gläschen vom Edelsten und als „Schierlingsbecher" 15 Gramm Natrium-Pentobarbital in Wasser aufgelöst.

Bereits der Gedanke, dass irgendwelche Religionsgemeinschaften, Moralapostel, Ethiker und Gesetzgeber den Freitod verurteilen und verbieten, bringt mich in Rage. Ich werde mit 18 Jahren für volljährig und strafmündig erklärt, und meine Menschenwürde ist angeblich unantastbar. Im gleichen Atemzug erklärt man mich für so unmündig, dass ich nicht einmal über mein eigenes, persönliches Lebensende entscheiden darf. Für mich ist die Möglichkeit des Freitodes eine Lebensbejahung, ein Trost, ein letzter Ausweg. Gegen einen leichtsinnigen Selbstmord schützt mich mein natürlicher Lebenswille. Ebenso habe ich einen natürlichen Sterbewillen. Die einfache Selbsterkenntnis „Das war's". Im Leben stößt man oft an seine Grenzen, begnügt sich damit und sucht sich eine leichtere Herausforderung. Auch der Verfall ist eine solche Grenze. Deshalb will ich lieber selbstbestimmt mit Würde sterben, als zwangsernährt und ruhig gestellt im Altenheim oder Sterbehospiz.

Ewiges Leben ist für mich ein schnurriger Gedanke. Wenn kein Mensch gestorben wäre, gäbe es auf der Erde gut und gerne 100 Milliarden Menschen, vom Pithecanthropus, dem Affenmenschen, bis zum Homo sapiens, dem vernunftbegabten Menschen. Die Erde könnte diese vielen Menschen nicht ernähren. Das bedeutet, der Tod ist arterhaltend, ein Segen für die Menschheit. Angst vor dem Sterben, das ist verständlich, denn das Sterben kann grausam sein. Der Tod selbst ist für den Menschen gegenstandslos, mitunter gar eine Erlösung. Deshalb halte ich mich lieber an das Sprüchlein aus den „Isländischen Reiseerinnerungen" meines Freundes Wolf:

„So bleibt auch der Tod eine freundliche Gabe, derer du dich ohne Willkür eines nicht fernen Tages erfreuen darfst."

Wir brauchen einen versöhnlichen Brückenschlag

Lange haben wir uns vor einer öffentlichen Debatte über die Sterbehilfe gedrückt. Rechtliche Unsicherheit und Risiken haben das Thema in eine Grauzone gerückt, die Unfrieden stiftet. Auch der Gesetzgeber, das zeigt die Behandlung einer Initiative in der letzten Legislaturperiode des Deutschen Bundestags, hat sich bisher nur unwillig mit der Sterbehilfe beschäftigt. Uns Deutsche hemmt noch immer das Wissen über die unter dem Stichwort „Euthanasie" begangenen unfassbaren Verbrechen im Nationalsozialismus. Doch ewig können wir uns nicht um das Thema herumdrücken, humane Regelungen vertagen oder moralische Gründe vorschicken. Das europäische Ausland, wie die Niederlande, Luxemburg und Belgien, hat dafür Wege gefunden.

Das hat nicht zuletzt bei uns die Diskussion über die Beihilfe zum Sterben in Gang gebracht. Doch der Streit wird höchst emotional und mit unscharfen Begriffen ausgetragen. Dabei beharren Befürworter und Gegner, wie mir scheint, auf extremen Positionen. Deshalb brauchen wir den Brückenschlag, wir brauchen eine rational bestimmte, breite gesellschaftliche

Debatte, an deren Ende der Gesetzgeber die Argumente aufnehmen und abwägen sollte, um sie in klare gesetzliche Regelungen umzusetzen.

Offene Briefe an Spitzenpolitiker und ihre Reaktion

Helga Wanke Lic. Rer. Publ.
Trabuhn 29A
29485 Lemgow
T 05883 657

Herrn Bundespräsidenten
Joachim Gauck
Spreeweg 1
10557 Berlin

Offener Brief

Sehr geehrter Herr Bundespräsident,

nach der Sommerpause 2014 will sich der Deutsche Bundestag mit dem Thema „Sterbehilfe" befassen. Dies ist ein geschichtlich und religiös überfrachtetes Tabu-Thema, an das wir Deutschen uns nur zögernd und unwillig heranwagen. Dies haben die Recherchen eines Autorenkollektivs, in dessen Namen ich schreibe, ergeben.

Nach letzten Umfragen sprechen sich etwa 70 Prozent der Bevölkerung für Sterbehilfe aus. Leider fehlt es in der Bundesrepublik Deutschland an klaren Regelungen. Hinzu kommen die brennenden Fragen der weltweiten Bevölkerungsexplosion und der steigenden Lebenserwartung des Menschen. Diese Probleme verlangen vom Staat und von der Gesellschaft eine unaufschiebbare Debatte, die in Lösungen für eine lebenswerte und menschenwürdige Zukunft mündet.

Deshalb möchten wir als Autorenkollektiv mit einer „Streitschrift zur Lebenshilfe" den öffentlichen Diskurs über das Thema „Sterbehilfe" voranbringen. Nicht zuletzt betrachten wir die Notwendigkeit einer breiten gesellschaftlichen Diskussion vor dem Hintergrund veränderter Lebensumstände seit Ende des Nationalsozialismus, der im Grundgesetz verbürgten Grundrechte und des immer wieder in Deutschland beklagten Pflegenotstands. Dazu dokumentieren wir aussagekräftige Beispiele.

Des Weiteren wollen wir Personen des öffentlichen Lebens mit ihrer Meinung zum Thema „Sterbehilfe" in unserer Schrift zu Wort kommen lassen. Deshalb bitten wir Sie, sehr geehrter Herr Bundespräsident, als höchster Repräsentant der Bundesrepublik Deutschland um Ihre Einstellung zum obigen Thema. Für eine baldige Antwort wären wir Ihnen, angesichts des im Juni 2014 geplanten Erscheinungstermins unserer Schrift, dankbar.

Mit vorzüglicher Hochachtung

(Helga Wanke)
Phil., Lic. Rer. Publ.

Helga Wanke Lic. Rer. Publ.
Trabuhn 29A
29485 Lemgow
T 05883 657

Frau Bundeskanzlerin
Dr. Angela Merkel MdB
11012 Berlin

Offener Brief

Sehr geehrte Frau Bundeskanzlerin,

nach der Sommerpause 2014 will sich der Deutsche Bundestag mit dem Thema „Sterbehilfe" befassen. Dies ist ein geschichtlich und religiös überfrachtetes Tabu-Thema, an das wir Deutschen uns nur zögernd und unwillig heranwagen. Dies haben die Recherchen eines Autorenkollektivs, in dessen Namen ich schreibe, ergeben.

Nach letzten Umfragen sprechen sich etwa 70 Prozent der Bevölkerung für Sterbehilfe aus. Leider fehlt es in der Bundesrepublik Deutschland an klaren Regelungen. Hinzu kommen die brennenden Fragen der weltweiten Bevölkerungsexplosion und der steigenden Lebenserwartung des Menschen. Diese Probleme verlangen vom Staat und von der Gesellschaft eine unaufschiebbare Debatte, die in Lösungen für eine lebenswerte und menschenwürdige Zukunft mündet.

Deshalb möchten wir als Autorenkollektiv mit einer „Streitschrift zur Lebenshilfe" den öffentlichen Diskurs über das Thema „Sterbehilfe" voranbringen. Nicht zuletzt betrachten wir die Notwendigkeit einer breiten gesellschaftlichen Diskussion vor dem Hintergrund veränderter Lebensumstände seit Ende des Nationalsozialismus, der im Grundgesetz verbürgten Grundrechte und des immer wieder in Deutschland beklagten Pflegenotstands. Dazu dokumentieren wir aussagekräftige Beispiele.

Des Weiteren wollen wir Personen des öffentlichen Lebens mit ihrer Meinung zum Thema „Sterbehilfe" in unserer Schrift zu Wort kommen lassen. Deshalb bitten wir Sie, sehr geehrte Frau Bundeskanzlerin, als Entscheidungsträgerin im politischen Betrieb und als Vorsitzende der CDU um eine Stellungnahme zum obigen Thema. Für eine baldige Antwort wären wir Ihnen, angesichts des im Juni 2014 geplanten Erscheinungstermins unserer Schrift, dankbar.

Mit vorzüglicher Hochachtung

(Helga Wanke)
Phil., Lic. Rer. Publ.

Helga Wanke Lic. Rer. Publ.
Trabuhn 29A
29485 Lemgow
T 05883 657

Herrn Sigmar Gabriel MdB
SPD-Parteivorsitzender
Wilhelmstraße 141
10963 Berlin

Offener Brief

Sehr geehrter Herr Gabriel,

nach der Sommerpause 2014 will sich der Deutsche Bundestag mit dem Thema „Sterbehilfe" befassen. Dies ist ein geschichtlich und religiös überfrachtetes Tabu-Thema, an das wir Deutschen uns nur zögernd und unwillig heranwagen. Dies haben die Recherchen eines Autorenkollektivs, in dessen Namen ich schreibe, ergeben.

Nach letzten Umfragen sprechen sich etwa 70 Prozent der Bevölkerung für Sterbehilfe aus. Leider fehlt es in der Bundesrepublik Deutschland an klaren Regelungen. Hinzu kommen die brennenden Fragen der weltweiten Bevölkerungsexplosion und der steigenden Lebenserwartung des Menschen. Diese Probleme verlangen vom Staat und von der Gesellschaft eine unaufschiebbare Debatte, die in Lösungen für eine lebenswerte und menschenwürdige Zukunft mündet.

Deshalb möchten wir als Autorenkollektiv mit einer „Streitschrift zur Lebenshilfe" den öffentlichen Diskurs über das Thema „Sterbehilfe" voranbringen. Nicht zuletzt betrachten wir die Notwendigkeit einer breiten gesellschaftlichen Diskussion vor dem Hintergrund veränderter Lebensumstände seit Ende des Nationalsozialismus, der im Grundgesetz verbürgten Grundrechte und des immer wieder in Deutschland beklagten Pflegenotstands. Dazu dokumentieren wir aussagekräftige Beispiele.

Des Weiteren wollen wir Personen des öffentlichen Lebens mit ihrer Meinung zum Thema „Sterbehilfe" in unserer Schrift zu Wort kommen lassen. Deshalb bitten wir Sie, sehr geehrter Herr Gabriel, als Entscheidungsträger im politischen Betrieb und als Vorsitzender der SPD um eine Stellungnahme zum obigen Thema. Für eine baldige Antwort wären wir Ihnen, angesichts des im Juni 2014 geplanten Erscheinungstermins unserer Schrift, dankbar.

Mit vorzüglicher Hochachtung

(Helga Wanke)
Phil., Lic. Rer. Publ.

Helga Wanke Lic. Rer. Publ.
Trabuhn 29A
29485 Lemgow
T 05883 657

Herrn Dr. Gregor Gysi MdB
Vorsitzender der Fraktion DIE LINKE
im Deutschen Bundestag
Platz der Republik 1
11011 Berlin

Offener Brief

Sehr geehrter Herr Dr. Gysi,

nach der Sommerpause 2014 will sich der Deutsche Bundestag mit dem Thema „Sterbehilfe" befassen. Dies ist ein geschichtlich und religiös überfrachtetes Tabu-Thema, an das wir Deutschen uns nur zögernd und unwillig heranwagen. Dies haben die Recherchen eines Autorenkollektivs, in dessen Namen ich schreibe, ergeben.

Nach letzten Umfragen sprechen sich etwa 70 Prozent der Bevölkerung für Sterbehilfe aus. Leider fehlt es in der Bundesrepublik Deutschland an klaren Regelungen. Hinzu kommen die brennenden Fragen der weltweiten Bevölkerungsexplosion und der steigenden Lebenserwartung des Menschen. Diese Probleme verlangen vom Staat und von der Gesellschaft eine unaufschiebbare Debatte, die in Lösungen für eine lebenswerte und menschenwürdige Zukunft mündet.

Deshalb möchten wir als Autorenkollektiv mit einer „Streitschrift zur Lebenshilfe" den öffentlichen Diskurs über das Thema „Sterbehilfe" voranbringen. Nicht zuletzt betrachten wir die Notwendigkeit einer breiten gesellschaftlichen Diskussion vor dem Hintergrund veränderter Lebensumstände seit Ende des Nationalsozialismus, der im Grundgesetz verbürgten Grundrechte und des immer wieder in Deutschland beklagten Pflegenotstands. Dazu dokumentieren wir aussagekräftige Beispiele.

Des Weiteren wollen wir Personen des öffentlichen Lebens mit ihrer Meinung zum Thema „Sterbehilfe" in unserer Schrift zu Wort kommen lassen. Deshalb bitten wir Sie, sehr geehrter Herr Dr. Gysi, insbesondere, da sich Ihre Partei mit ihren Vorstellungen wohltuend von anderen Parteien abhebt, um Ihre Stellungnahme zum obigen Thema. Für eine baldige Antwort wären wir Ihnen, angesichts des im Juni 2014 geplanten Erscheinungstermins unserer Schrift, dankbar.

Mit vorzüglicher Hochachtung

(Helga Wanke)
Phil., Lic. Rer. Publ.

Dr. Gregor Gysi
Mitglied des Deutschen Bundestages
Vorsitzender der Bundestagsfraktion DIE LINKE.

Dr. Gregor Gysi, MdB • Platz der Republik 1 • 11011 Berlin

Frau

Helga Wanke

Trabuhn 29A

29485 Lemgow

Berlin
Dr. Gregor Gysi, MdB
Platz der Republik 1
11011 Berlin
Telefon   030 227 – 72 700
Fax   030 227 – 76 700
E-Mail: gregor.gysi@bundestag.de
gregor.gysi@bundestag.de

Wahlkreis
Dr. Gregor Gysi, MdB
Brückenstraße 28
12439 Berlin
Telefon   (030) 6322 4357
Fax   (030) 6322 4358
E-Mail:gregor.gysi@wk.bundestag.de

Berlin, 15. April 2014

Sehr geehrte Frau Wanke,

vielen Dank für Ihr Schreiben.

Meine Einstellung ist folgende:

Ärztinnen und Ärzte helfen dem Menschen bei der Geburt, warum nicht auch beim Sterben, wenn er sehr und unheilbar krank und voll geschäftsfähig ist und nachweisbar und völlig unabhängig sich dies ausdrücklich wünscht?

Aber ich denke noch darüber nach und es gibt auch in meiner Partei sehr unterschiedliche Meinungen diesbezüglich.

Mit freundlichen Grüßen

Dr. Gysi

72

Helga Wanke Lic. Rer. Publ.
Trabuhn 29A
29485 Lemgow
T 05883 657

Frau Simone Peter
Vorsitzende des BÜNDNIS 90/DIE GRÜNEN
Platz vor dem neuen Tor 1
10115 Berlin

Offener Brief

Sehr geehrte Frau Peter,

nach der Sommerpause 2014 will sich der Deutsche Bundestag mit dem Thema „Sterbehilfe" befassen. Dies ist ein geschichtlich und religiös überfrachtetes Tabu-Thema, an das wir Deutschen uns nur zögernd und unwillig heranwagen. Dies haben die Recherchen eines Autorenkollektivs, in dessen Namen ich schreibe, ergeben.

Nach letzten Umfragen sprechen sich etwa 70 Prozent der Bevölkerung für Sterbehilfe aus. Leider fehlt es in der Bundesrepublik Deutschland an klaren Regelungen. Hinzu kommen die brennenden Fragen der weltweiten Bevölkerungsexplosion und der steigenden Lebenserwartung des Menschen. Diese Probleme verlangen vom Staat und von der Gesellschaft eine unaufschiebbare Debatte, die in Lösungen für eine lebenswerte und menschenwürdige Zukunft mündet.

Deshalb möchten wir als Autorenkollektiv mit einer „Streitschrift zur Lebenshilfe" den öffentlichen Diskurs über das Thema „Sterbehilfe" voranbringen. Nicht zuletzt betrachten wir die Notwendigkeit einer breiten gesellschaftlichen Diskussion vor dem Hintergrund veränderter Lebensumstände seit Ende des Nationalsozialismus, der im Grundgesetz verbürgten Grundrechte und des immer wieder in Deutschland beklagten Pflegenotstands. Dazu dokumentieren wir aussagekräftige Beispiele.

Des Weiteren wollen wir Personen des öffentlichen Lebens mit ihrer Meinung zum Thema „Sterbehilfe" in unserer Schrift zu Wort kommen lassen. Deshalb bitten wir Sie, sehr geehrte Frau Peter, als Vorsitzende Ihrer Partei BÜNDNIS 90/DIE GRÜNEN um eine Stellungnahme zum obigen Thema. Für eine baldige Antwort wären wir Ihnen, angesichts des im Juni 2014 geplanten Erscheinungstermins unserer Schrift, dankbar.

Mit vorzüglicher Hochachtung

(Helga Wanke)
Phil., Lic. Rer. Publ.

Helga Wanke Lic. Rer. Publ.
Trabuhn 29A
29485 Lemgow
T 05883 657

Herrn Horst Seehofer
Vorsitzender der CSU
Franz-Josef-Strauß-Haus
Nymphenburger Str. 64
80335 München

Offener Brief

Sehr geehrter Herr Seehofer,

nach der Sommerpause 2014 will sich der Deutsche Bundestag mit dem Thema „Sterbehilfe" befassen. Dies ist ein geschichtlich und religiös überfrachtetes Tabu-Thema, an das wir Deutschen uns nur zögernd und unwillig heranwagen. Dies haben die Recherchen eines Autorenkollektivs, in dessen Namen ich schreibe, ergeben.

Nach letzten Umfragen sprechen sich etwa 70 Prozent der Bevölkerung für Sterbehilfe aus. Leider fehlt es in der Bundesrepublik Deutschland an klaren Regelungen. Hinzu kommen die brennenden Fragen der weltweiten Bevölkerungsexplosion und der steigenden Lebenserwartung des Menschen. Diese Probleme verlangen vom Staat und von der Gesellschaft eine unaufschiebbare Debatte, die in Lösungen für eine lebenswerte und menschenwürdige Zukunft mündet.

Deshalb möchten wir als Autorenkollektiv mit einer „Streitschrift zur Lebenshilfe" den öffentlichen Diskurs über das Thema „Sterbehilfe" voranbringen. Nicht zuletzt betrachten wir die Notwendigkeit einer breiten gesellschaftlichen Diskussion vor dem Hintergrund veränderter Lebensumstände seit Ende des Nationalsozialismus, der im Grundgesetz verbürgten Grundrechte und des immer wieder in Deutschland beklagten Pflegenotstands. Dazu dokumentieren wir aussagekräftige Beispiele.

Des Weiteren wollen wir Personen des öffentlichen Lebens mit ihrer Meinung zum Thema „Sterbehilfe" in unserer Schrift zu Wort kommen lassen. Deshalb bitten wir Sie, sehr geehrter Herr Seehofer, als Vorsitzender Ihrer Partei CSU um eine Stellungnahme zum obigen Thema. Für eine baldige Antwort wären wir Ihnen, angesichts des im Juni 2014 geplanten Erscheinungstermins unserer Schrift, dankbar.

Mit vorzüglicher Hochachtung

(Helga Wanke)
Phil., Lic. Rer. Publ.

Helga Wanke Lic. Rer. Publ.
Trabuhn 29A
29485 Lemgow
T 05883 657

Herrn Christian Lindner
Bundesvorsitzender der FDP
Reinhardstr. 14
10117 Berlin

Offener Brief

Sehr geehrter Herr Lindner,

nach der Sommerpause 2014 will sich der Deutsche Bundestag mit dem Thema „Sterbehilfe" befassen. Dies ist ein geschichtlich und religiös überfrachtetes Tabu-Thema, an das wir Deutschen uns nur zögernd und unwillig heranwagen. Dies haben die Recherchen eines Autorenkollektivs, in dessen Namen ich schreibe, ergeben.

Nach letzten Umfragen sprechen sich etwa 70 Prozent der Bevölkerung für Sterbehilfe aus. Leider fehlt es in der Bundesrepublik Deutschland an klaren Regelungen. Hinzu kommen die brennenden Fragen der weltweiten Bevölkerungsexplosion und der steigenden Lebenserwartung des Menschen. Diese Probleme verlangen vom Staat und von der Gesellschaft eine unaufschiebbare Debatte, die in Lösungen für eine lebenswerte und menschenwürdige Zukunft mündet.

Deshalb möchten wir als Autorenkollektiv mit einer „Streitschrift zur Lebenshilfe" den öffentlichen Diskurs über das Thema „Sterbehilfe" voranbringen. Nicht zuletzt betrachten wir die Notwendigkeit einer breiten gesellschaftlichen Diskussion vor dem Hintergrund veränderter Lebensumstände seit Ende des Nationalsozialismus, der im Grundgesetz verbürgten Grundrechte und des immer wieder in Deutschland beklagten Pflegenotstands. Dazu dokumentieren wir aussagekräftige Beispiele.

Des Weiteren wollen wir Personen des öffentlichen Lebens mit ihrer Meinung zum Thema „Sterbehilfe" in unserer Schrift zu Wort kommen lassen. Deshalb bitten wir Sie, sehr geehrter Herr Lindner, als Vorsitzender der Partei, die in der letzten Wahlperiode einen Gesetzentwurf zur Sterbehilfe eingebracht hat, um eine Stellungnahme zum obigen Thema. Für eine baldige Antwort wären wir Ihnen, angesichts des im Juni 2014 geplanten Erscheinungstermins unserer Schrift, dankbar.

Mit vorzüglicher Hochachtung

(Helga Wanke)
Phil., Lic. Rer. Publ.

Kommentare zu den offenen Briefen

Um es vorweg zu schicken, die Briefe gingen per Einschreiben mit Rückschein an unsere Spitzenpolitiker. Keiner kann sich damit herausreden, sein Schreiben nicht erhalten zu haben. Die Rückscheine liegen vor. Abgesendet wurden die Briefe am 31. März 2014. Bis zum 1. Mai 2014 hatten alle ausreichend Zeit für ein paar klärende Zeilen.

Sieben auf einen Streich

Jetzt wissen wir 80 Millionen Bundesbürger und Wähler, wie engagiert sich unserer Spitzenpolitiker um unseren Lebensabend kümmern. Alle Sieben erhielten denselben Offenen Brief. Mit Ausnahme des Herrn Gysi, von der Partei DIE LINKE, kein Sterbenswörtchen. Was sagt uns das?

Unsere großen, traditionellen Parteien, die CDU, CSU, SPD und gestrandete FDP sind zu Wasserträgern verkommen. Sie profilieren sich durch verlogene Propaganda und Werbeagenturen, gesponsert von Lobbyisten. Der Wähler toleriert das. Zieht ihm seine Partei sanft das Fell über die Ohren, freut er sich über seine warmen Ohren und wählt sie.

BÜNDNIS 90/DIE GRÜNEN, einst ein Hoffnungsschimmer, mutierten zu Re-à-los (zurück zum alten Los). Lieber mitregieren als opponieren ist ihre Devise.

Unser Bundespräsident geißelt und boykottiert lieber selbstgefällig das Ausland, als Offene Briefe seiner Bürger zu beantworten. Außenpolitik ist zwar nicht sein Ressort aber offenbar seine Passion. Die USA zu kritisieren ist er zu feige, eine göttliche Eingebung? Wer nimmt ihn noch ernst mit seinem Kirchensprengelniveau?

Aus schierer Verzweiflung las ich das Parteiprogramm der Partei DIE LINKE und vertiefte mich in die Anschauungen ihrer Elite. Der Auslöser war die zwar kurze, aber fundierte und glaubhafte Reaktion von Herrn Gysi auf unseren Offenen Brief. In Zukunft wähle ich konsequent DIE LINKE.

Um unseren gestandenen Traditionspolitikern den Wind aus den Segeln zu nehmen, ich bin weder gesponsert, noch Kommunistl und Parteigänger. Im Jahr 1972, mit 28 Jahren, flüchtete ich unter Lebensgefahr aus der DDR. Sie war für mich gestorben. Dann lebte ich 18 Jahre in der BRD und 24 Jahre im wiedervereinten Deutschland, amtlich ebenfalls BRD. Die Vermarktungsgesellschaft in der BRD war für mich eine herbe Enttäuschung. Was lehrte mich mein Leben?

Aus meiner Lebenserfahrung nach 70 Jahren Staatsgängelei in der DDR und BRD sowie einigen Studien und Bildungsreisen, empfehle ich eine Symbiose aus den **Theorien** des Kommunismus, Sozialismus und Kapitalismus unter dem Schirm der Menschenrechte. Damit fand ich mich bei der verjüngten Partei DIE LINKE wieder. Ihre Politik ist keine Kaderpropaganda, wie einst von der SED der DDR, da kenne ich mich bestens aus. Am ehesten erinnert DIE LINKE mich an Willy Brandt, von dem einst Kissinger und Nixon sagten: Er ist ein Trottel… und er ist gefährlich. (Quelle: Zs. DER SPIEGEL, 20/2014, S. 16)

Von den größeren Parteien ist DIE LINKE die einzige, die sich der armen Schlucker annimmt, ich bin ein armer Schlucker. Mittlerweile sind wir ja, laut Statistik, 50 Prozent der Bundesbürger, die so genannten Besitzlosen. Ein sattes Prozent des Volksvermögens klimpert angeblich noch in unseren Taschen. Das soziale Engagement der Linken ist der eine Aspekt für meine Wahlentscheidung.

Der andere Aspekt ist die Frage, wo soll die Reise hingehen? Was wir, jeder Mensch, brauchen, ist ein Grundkonsens, der uns durchs Leben trägt und unseren Kindern und Kindeskindern eine Perspektive gibt. Das wäre nur durch eine weltweite Bildungsoffensive zu erreichen. Der Grundkonsens und die Menschenrechte müssten von jedem Einzelnen verinnerlicht werden, sein Denken und Handeln bestimmen. Das wäre die Aufgabe der Schule und Erziehung. Unsere staatstragenden Parteien sind damit leider überfordert. Sie verbrauchen sich in lächerlichen Streitereien und Wahl-kämpfen. Wer nichts zu schaffen hat, dem macht das Nichts zu schaffen.

Leben und sterben müssen wir alle, das WIE ist unser Anliegen. Deshalb sind wir gespannt, was unsere Parlamentarier im Herbst des Jahres 2014 für unseren Lebensabend beschließen. Sehr aufmerksam werden wir die Diskussion verfolgen, auswerten und in einer Broschüre „Grüße aus dem Tattersaal" unsere Ergebnisse veröffentlichen. Nur unser Tod könnte uns noch verhindern.

Nun blamiert euch mal schön

Wie der Teufel das Weihwasser

Plädoyer für die Sterbehilfe

Es gibt eine feine Tugend. Sie nennt sich Toleranz. Doch das Geltenlassen anderer Meinungen als die eigene schwächelt in unserer materialistischen Ego-Gesellschaft: Flüchtlinge, Immigranten und Andersfarbige, andere Werte als die christlicher Religion – dies alles wird ausgegrenzt als Gefahr für unser Wohlergehen. Toleranz bzw. Kleinmut ist das Stichwort für das, worüber hier gestritten wird: das vielfach unduldsame und mit Vorurteilen behaftete Verhalten unserer Entscheidungsträger in der Politik, in den Kirchen und in der Ärzteschaft gegenüber denen, die das selbstbestimmte Sterben, den Wunschtod befürworten. Ja, es hat den Anschein, als wüssten gerade die Verantwortlichen gar nicht, um was es hier geht.

Ich vermag es kaum zu fassen, mit welchem Unwillen beispielsweise Politiker die Debatte vor sich herschieben und sich davor scheuen, wie der Teufel das Weihwasser, klar und eindeutig Stellung zu beziehen. Anfragen, wie unseren Offenen Briefen, wurde mit Schweigen begegnet. Fehlt Ihnen der Anstand, einen Bürgerbrief zu beantworten, meine Damen und Herren? Sie als Gewählte dienen dem Volk und nicht umgekehrt. Viel schlimmer: Sie verstoßen gegen die Grundrechte unserer Verfassung, meine Damen und Herren, wenn Sie die Argumente der Sterbehilfe-Befürworter als unmoralisch oder gar kriminell abtun! Unerhört auch, das selbst die Justiz mit Ihnen an einem Strang zieht, wenn sie im Namen des Volks eine Verfassungsbeschwerde ohne Begründung zurückweist. Leben wir im Zeitalter der Dunkelheit oder der Aufklärung?

Politik ist ein Abwägungs- und Entscheidungsprozess. Und jede Entscheidung trägt ihr Risiko. Gesetze kann man befristen, um ihre Wirkung zu verfolgen, und gegebenenfalls ändern. Gesetze, vom Menschen als Antwort auf jeweilige zeitabhängige Probleme geschaffen, gehören irgendwann auf den Prüfstand. Das passiert meiner Meinung nach viel zu selten.

Der Wunschtod bewegt die Menschheit, so lange sie denken kann. Jeder Denker, ob Philosoph, Literat oder Sonstiger, hat sich damit beschäftigt. Schon in der Antike war Sterben unter dem Begriff „Euthanasie" umstritten. Das Für und Wider zieht sich durch die Zeiten bis zum heutigen Tag. Wie bei jeder existentiellen Frage. Kein Wunder also, wenn auch gegenwärtig verschiedene Sichtweisen streiten.

Im Kern geht es, kurz gefasst, um drei Standpunkte, die sich annähern müssen:

Erstens die Forderung des Einzelnen: Wenn heute vom Menschen verlangt wird, Eigenverantwortung zu übernehmen und autonom zu sein, weshalb sollte er dann nicht den Zeitpunkt für den eigenen Tod bestimmen können? Außerdem: Wozu haben wir Grundrechte, die Selbstbestimmung garantieren?

Zweitens die Sicht eines Teils der Ärzteschaft: Ärzte haben ein Berufsethos und ein Standesrecht. Danach sollen sie Leben erhalten und nicht verkürzen. Wer aber sagt, dass Standesrecht ein unantastbares Heiligtum ist? Hat der Arzt nicht wie jeder Andere Gewissensfreiheit? Das bedeutet, dass er zum einen nicht verpflichtet ist, Sterbehilfe zu leisten. Aber er ist ebenso nicht verpflichtet, unerträglich gewordenes Leben und Leiden mit allen Mitteln zu verlängern.

Drittens das Verhalten von Politikern: Offensichtlich hat die Politik noch nicht begriffen, dass sich die Einstellungen zum Sterben in der Bevölkerung hin zu mehr Individualität gewandelt haben. Sie reagiert mit Abwehr. Ihre Stimmen gegen eine klar geregelte Sterbehilfe, so scheint mir, haben den väterlichen Unterton, ihre Überzeugung allein sei Maßstab aller Dinge. Dazu können wir nur einwerfen: Gesetze nicht Gesinnungen sind gefragt.

Was folgern wir daraus? Weder Verklärung noch Verteufelung der Sterbehilfe wird uns auf den rechten Weg helfen. Der Staat, das heißt der Gesetzgeber muss den Rahmen mit klaren Regelungen schaffen, um die fehlende Rechtssicherheit herzustellen und Missbrauch nach Möglichkeit auszuschließen. Die Ärzte müssen den Mut aufbringen, nach ihrem Gewissen zu entscheiden, das über dem Standesrecht steht. Ärzte sollten als Wissenskundige bei der Beihilfe zum Sterben die zentrale Rolle spielen, wie beispielsweise im US-Staat Oregon. Schließlich sollte der Einzelne die Wahlfreiheit haben, seinem Wunsch gemäß zu sterben. Für eine solche Lösung wäre der richtige Schritt ein **legaler Lebenshilfeausweis**.

Deshalb unser Appell: Beendet den Mummenschanz in den Masken des Egoisten, des Moralisten und des Biedermanns. Dazu gehören Mut, Toleranz und eine frische humane Geisteshaltung, ganz im Sinn der Zeitschrift „Humanes Sterben", 2014-2:

„ …Deshalb hat jeder Mensch das Recht und die Freiheit, selbstbestimmt und selbstverantwortlich das Leben zu leben und den Tod zu sterben – ein Jude, ein Christ, ein Muslim, ein Humanist. Die Rechtslage eines freien und demokratischen Landes muss dies respektieren."

Rückschau und Vorschau

Historisches über Euthanasie und Sterbehilfe

Das Wort Euthanasie stammt aus dem Griechischen und bedeutet „guter Tod", „schöner Tod", „gute Tötung". Zum ersten Mal soll der Begriff beim griechischen Dichter **Kratinos** aufgetaucht sein, der ihn zwischen 500 und 420 v. Chr. als Bezeichnung für „guter Tod" gegenüber dem qualvollen Sterben verwendete. Ähnlich sah es der Dichter **Menander** (3. Jahrhundert v. Chr.). Seine These „Wen die Götter lieben, der stirbt jung" ist als geflügeltes Wort überliefert.

Während sich **Sokrates** (etwa 469 – 399 v. Chr.) für Euthanasie als rechtes Vorbereiten auf den Tod aussprach, dem ein vernünftiges Leben vorausgegangen war, befürwortete **Platon** in seiner Schrift „Politeia" (407 v. Chr.), dass bei Kranken mit schwindender Lebenskraft die ärztliche Behandlung – weil nutzlos – eingestellt werden sollte.

Ob es in der Antike Euthanasie im Sinne von „guter Tötung" gegeben hat, ist ungewiss. Wohl aber wurden im antiken Sparta Neugeborene, die zu schwach oder missgebildet waren, ausgesetzt, denn der Staat konnte nur kriegstüchtigen Nachwuchs gebrauchen.

Wie heute gab es damals Formen des Freitods. So heißt es in der Epode (Nachgesang) 17 des römischen Dichters Horaz (65 – 8 v. Chr.): „… du wirst bald von hohen Türmen herabspringen, bald mit Norischem Schwert dir die Brust öffnen wollen und vergebens einen Strick um deine Kehle schwingen, aus Überdruss des jammervollen Lebens …"(lies Q. Horatius Flaccus, *Oden und Epoden*, Augsburg 2000).

Die Bedeutung des Begriffes Euthanasie wandelte sich im Lauf der Jahrhunderte ständig bis hin zur Neuzeit. Francis **Bacon** (1561-1626) beispielsweise verwendete Euthanasie andeutungsweise als Sterbehilfe, wenn er die „euthanasia interior" als seelische Vorbereitung auf den Tod abhebt von der „euthanasia exterior" als schmerzlindernde und das Sterben erleichternde Hilfe.

Im 20. Jahrhundert, in der Weimarer Republik, sorgten Karl **Binding** und Alfred **Hoche** mit ihrer Schrift „Die Freigabe der Vernichtung lebensunwerten Lebens" für heftige Debatten. Ihr Gedankengut, auf das sich **Hitler** auch berief, führte maßgeblich zu den Verbrechen der NS-Diktatur im Sinne von Zwangseuthanasie. Damit wurden so genannte Erb- und Geisteskranke, Behinderte und sozial oder „rassisch" Unerwünschte systematisch ermordet.

Was verstehen wir unter Sterbehilfe?

Heute meiden wir das Wort Euthanasie und verwenden den Begriff Sterbehilfe. Dabei geht es um unterschiedliche Arten der Hilfe:

Beihilfe zum Suizid: Darum handelt es sich, wenn jemand einem Sterbewilligen die Selbsttötung ermöglicht. Der Sterbewillige muss die Tötung selbst ausüben. Das ist in Deutschland grundsätzlich nicht verboten. Doch die Beihilfe (das Beschaffen und Bereitstellen eines tödlichen Medikaments, wie Natrium-Pentobarbital) ist ein Risiko. Erstens kann der Paragraph der unterlassenen Hilfeleistung dagegen angeführt werden. Zweitens verbietet das Standesrecht dem Arzt die Beihilfe. Außerdem verbietet das **Betäubungsmittelgesetz** das Einführen solcher Mittel und ebenso ihr Bevorraten in der Apotheke. So wurde das Schlafmittel Natrium-Pentobarbital vom Markt genommen und darf nur sehr eingeschränkt und unter scharfer Kontrolle verschrieben und verabreicht werden.

Passive Sterbehilfe: Darunter wird das Unterlassen oder das Abbrechen lebensverlängernder Maßnahmen, wie künstliche Ernährung, Beatmung und Wiederbelebung, verstanden. Die passive Sterbehilfe ist in Deutschland erlaubt, wenn der Patient dies ausdrücklich wünscht. Dafür wurde die Patientenverfügung eingeführt.

Indirekte Sterbehilfe: Diese Art der Sterbehilfe wird in Krankenhäusern und Hospizen praktiziert. Danach verabreichen Ärzte schmerzlindernde oder schmerzstillende Mittel, die den Tod möglicherweise eher eintreten lassen. Wie bekannt, verlängern diese Maßnahmen aber eher das Leben. Auch diese Hilfe ist erlaubt.

Aktive Sterbhilfe: Das ist die Tötung eines Menschen auf dessen ausdrücklichen Willen hin. Diese Form der Sterbehilfe ist in Deutschland strafrechtlich verboten (Paragraph 216 StGB). Erlaubt ist diese Hilfe beispielsweise in den Beneluxstaaten.

Im **Strafgesetzbuch**, Besonderer Teil (§§ 80 – 358), 16. Abschnitt – Straftaten gegen das Leben (§§ 211 – 222) – heißt es wörtlich:

§ 216
Tötung auf Verlangen
(1) Ist jemand durch das ausdrückliche und ernstliche Verlangen des Getöteten zur Tötung bestimmt worden, so ist auf Freiheitsstrafe von sechs Monaten bis zu fünf Jahren zu erkennen.

(2) Der Versuch ist strafbar.

Historische Last und soziale Verantwortung des Einzelnen

Die historische Last der NS-Euthanasie erschwert uns einerseits das Bemühen, die „Sterbehilfe" mit zeitgerechtem Inhalt zu füllen und zu dulden. Andererseits geht es um Fragen, die der Einzelne als soziales Wesen nur in Wechselwirkung mit der Gemeinschaft beantworten und verantworten kann. Darum dreht sich die gegenwärtige Diskussion.

Um es klar auszudrücken: Die aktuelle Debatte über die Sterbehilfe steckt im Dilemma. Die Argumente des Pro und Kontra überlagern den Kern dessen, um was es geht.

Kurz gefasst geht es um die existentielle Frage: Hat der Mensch das Recht, selbst über sein Sterben zu bestimmen? Und wenn ja, inwieweit darf er dazu die Hilfe eines Anderen beanspruchen, also Beihilfe zum Suizid?

Die **Befürworter** dieser Art von Sterbehilfe argumentieren mit dem Recht auf Selbstbestimmung des Einzelnen, das sie aus Art. 2 Abs. 1 in Verbindung mit Art. 1 Abs. 1 GG (Grundgesetz) ableiten. Dazu fordern sie ein Sterbeset, über das sie jederzeit frei verfügen können oder das dann für sie bereitgestellt wird, wenn sie sich für ihr Lebensende entschieden haben. Andere fordern die aktive Sterbehilfe, wie sie in den Benelux-Staaten praktiziert wird.

Die **Gegner** berufen sich auf das Recht auf Leben und den Schutz des Lebens nach Art. 2 Abs. 2 Satz 1 (Schutzauftrag des Staats) und lehnen im Extremen jede Art von Sterbehilfe ab, die sie als kriminellen Akt sehen. So beispielsweise Bundesgesundheitsminister Hermann **Gröhe**, der jede organisierte Form der Beihilfe unter Strafe stellen will. Darunter würden Organisationen, wie Ex international und Dignitas, fallen, aber auch die Assistenz des Arztes, der ein todbringendes Medikament verabreicht.

Ähnlich argumentiert der Vorsitzende der Bundesärztekammer, Frank Ulrich **Montgomery**, und ein Teil der Ärzteschaft, die sich auf den Hippokratischen Eid berufen. Danach seien sie verpflichtet, das Leben des Menschen zu erhalten **Punkt!** Nur eine Minderheit von Medizinern sieht es derzeit auch als ihre Aufgabe, unabwendbares und mit unerträglichen Schmerzen verbundenes Sterben ihres Patienten durch Medikamente zu erleichtern, die einen schnelleren Tod herbeiführen.

Christen beharren auf dem Glaubenssatz, dass Leiden zum Leben gehört und der Mensch sich nicht selbst das Leben nehmen oder von Anderen Hilfe erhalten darf, da das Leben ein Geschenk Gottes ist.

Werden mit solchen Einlassungen neuartige Missstände in Kauf genommen und veränderte Lebensumstände ausgeblendet?

Pflegenotstand, Lebenserwartung und Apparatemedizin

Deutsche Bischöfe wandten sich in ihren diesjährigen Osterbotschaften ausdrücklich gegen die Sterbehilfe und forderten mehr Hospiz- und Palliativ-Begleitung für todkranke Menschen. Damit beklagen sie den so genannten Pflegenotstand in der Bundesrepublik Deutschland. Seit Jahren werden immer wieder Missstände aufgedeckt. Die Politik hat darauf nur unzureichend geantwortet. Auch was Gröhe jetzt als Reform der Pflegeversicherung verkauft, sind Soll-Ankündigungen. Darüber sind schon seine Vorgänger gestolpert. Eine grundlegende Reform blieb bisher aus, sie wurde in den 20 Jahren seit Einführung der Pflegeversicherung verschleppt. Dies nimmt der Sozialverband VdK zum Anlass, in Karlsruhe ein Grundrecht schützendes Gesetz einzuklagen. Damit sollen mehr und bessere Hilfen und Betreuung für Pflegebedürftige erzwungen werden.

Danach ist das, was Gröhe jetzt vorgestellt hat, nicht mehr als ein Trostpflaster auf Wunden kleben, wo eine Operation an Haupt und Gliedern nötig ist. Vor allem fehlt es an besser ausgebildeten und gut bezahlten Pflegerinnen und Pflegern. Auch die laschen und unzureichenden Kontrollen in den Pflegeeinrichtungen leisten skandalösen Zuständen Vorschub. Darunter leiden das Pflegepersonal, die Heimbewohnerinnen und Heimbewohner sowie deren Angehörige. Kein Wunder, dass bei Umfragen nach der gewünschten Altersunterkunft die Mehrzahl der Befragten ein Altenheim, oft verbrämt als „Senioren-Residenz", ablehnt.

In diesem Zusammenhang ist ein weiteres neuzeitliches Problem zu nennen: die steigende Lebenserwartung. Während der Mensch früher eher jung starb, gibt es heute immer mehr Hochbetagte, die ihren körperlichen und geistigen Verfall als belastend erleben. Mancher wird dabei lebensmüde und wünscht ein schnelles und erlösendes Ende herbei.

War vor Jahrhunderten ein schneller Tod die Regel, so war langes Leiden selten. Noch im frühen 19. Jahrhundert wurden die Menschen im Durchschnitt 35 bis 40 Jahre alt. Todesursache waren überwiegend Infektionskrankheiten, denen vor allem Säuglinge, Kinder und junge Erwachsene in großer Zahl zum Opfer fielen. Damals verhielt sich der Mensch anders als heute zum Sterben und Tod. Seine optimistische Grundstimmung veranschaulicht ein Vers des Dichters Matthias Claudius (1740 – 1815). Unter der Überschrift „Der Tod und das Mädchen" lässt er die beiden miteinander streiten:

„Das Mädchen: Vorüber, ach vorüber!
                            Geh, wilder Knochenmann!
                            Ich bin noch jung, geh Lieber!
                            Und rühre mich nicht an!

Der Tod: Gib deine Hand, du schön und zart Gebild!
                            Bin Freund und komme nicht zu strafen!
                            Sei guten Muts! Ich bin nicht wild.
                            Sollst sanft in meinen Armen schlafen!"

Der Trost, der aus diesen Zeilen spricht, ist der Angst vor einem langen qualvollen Sterben in der Einsamkeit medizinisch-technisch hochgerüsteter Kliniken gewichen.

Die moderne Medizin, soviel sie auch zur Erhaltung eines langen, gesunden und harmonischen Lebens beiträgt, vermag ebenso natürliches Sterben zu verdrängen. Können Ärzte dies unter Berufung auf den angeblich 2000

Jahre alten Eid des Hippokrates verantworten? Können sie über Veränderungen, wie wir sie mit dem Pflegenotstand, einem längeren Leben und der Apparate-Medizin geschildert haben, hinwegsehen? Selbstverständlich soll der Arzt Leben erhalten – das ist seine vornehmste Pflicht. Doch ergibt sich daraus nicht auch, dem Todkranken zu einem menschenwürdigen Sterben zu verhelfen? Fragen, mit denen sich der Mediziner befassen und die er beantworten muss.

Der Eid des Griechen ist nicht gottgegeben, sondern eine vom Menschen erdachte, sicherlich notwendige, aber nicht für alle Fälle und die Ewigkeit gültige Vorschrift. Übrigens wurde die Eidesformel Hippokrates untergeschoben. Es ist nicht belegt, dass der Eid von ihm stammt. Wissen das unsere Mediziner?

Das Unwissen geht ja weiter. Beschämend ist manche einseitige Sicht der Kritiker der Sterbehilfe als Reaktion auf die Bundestagsdebatte 2012:

So argumentiert der frühere Ratsvorsitzende der Evangelischen Kirche in Deutschland (EKD), Wolfgang Huber, gegen die Sterbehilfe, indem er sich auf die Ärzteschaft beruft: „Die Ärzteschaft hat diese Linie vor einem Jahr klar markiert … Ärztinnen und Ärzten ist es verboten, Patienten auf deren Verlangen zu töten. Sie dürfen keine Hilfe zur Selbsttötung leisten.", sagte Huber der BILD. Und weiter: „Es wäre abwegig, wenn sich die Politik über dieses Votum hinwegsetzte."

Hier irrt Herr Huber. Einerseits haben einige Landesärztekammern anders als die Bundesärztekammer entschieden (lies im Folgenden) und andererseits haben Abgeordnete wie Ärzte Gewissensfreiheit. Dem Gewissen allein sollten sie folgen, nicht dem anmaßenden Spruch der Bundesärztekammer, der ohnehin unter Ärzten strittig ist.

Ins selbe Horn bläst der Rechtsmediziner Michael Tsokos, der das Vorhaben als „völlig bürgerfremd und gefährlich" einstufte. Es öffne Tür und

Tor denen, die mit dem Tod und Elend von Menschen Geld machen wollten.

Hier irrt Herr Tsokos. Einerseits sprechen sich immer mehr Bürgerinnen und Bürger öffentlich für die Sterbehilfe aus (etwa 70 Prozent der älteren und 40 Prozent der jüngeren). Andererseits ist das Geld-Argument derart verbraucht, dass es dem Leidenden Hohn ins Gesicht schlägt. Wer macht hier Geschäfte?! Wo versickern die Milliarden in unserem Gesundheitswesen? Übrigens wären auch die Kosten der Sterbehilfe zu regeln: In der Schweiz beispielsweise fließen die Honorare in den Fonds einer Stiftung, die mit den Überschüssen den Todeswunsch Mittelloser erfüllt.

Nichts anderes war zu erwarten, als sich der Sprecher der ChristSozialen Katholiken (CSK), Thomas Goppel, zu Wort meldete. Artikel 2 des Grundgesetzes verpflichte den Staat, das Leben der ihm anvertrauten Menschen zu schützen. Gesetzliche Einschränkungen und Befreiungen seien dort unzulässig.

Hier irrt Herr Goppel. Zwar fordert Art. 2 Abs.2 Satz I GG vom Staat, das Leben seiner Bürger zu schützen. Dagegen ist das Recht auf Selbstbestimmung des Einzelnen (Art. 2 Abs. I in Verbindung mit Art. I Abs. I GG) zu wägen und zu achten.

Suizidassistenz, so befürchten radikale Gegner, öffnet dem Leichtsinn, Missbrauch und Mord Tor und Tür. Darüber hinaus wittern sie die Lockerung der mühsam durchgesetzten Regelungen für die Präimplantationsdiagnostik und embryonale Stammzellenforschung. Aber helfen uns Ängste und Vermutungen weiter? Im Streit der Argumente muss die Einsicht wachsen, dass wir mehr Sicherheit, mehr Klarheit brauchen. Dafür muss nicht zuletzt der Gesetzgeber sorgen.

„Siebzehn Wege zu sterben"

Nach Recherchen der Tageszeitung (taz) wird in jedem Bundesland, wenn es um Sterbehilfe geht, von ärztlicher Seite unterschiedlich verfahren. Diese schwerwiegende Tatsache wird in der gegenwärtigen Diskussion ausgespart. Warum? Offenbart sie doch wieder einmal die Schwächen unserer föderalen Ordnung. Denn die Landesärztekammern sind nicht an das Verdikt des Herrn Montgomery und damit der Bundesärztekammer gebunden.

Danach ist also entscheidend, in welchem Bundesland der Sterbewillige lebt und gemeldet ist. Wie die taz am 26. Februar 2014 berichtet, wird die Sterbehilfe am liberalsten in Bayern, Baden Württemberg und Berlin gehandhabt. Zwar verweisen die Landeskammern auch bei der taz-Umfrage darauf, dass es ärztliche Aufgabe sei, Leben zu erhalten und Leid zu lindern. Aber die Begründungen dieser Berufskammern lassen mehrere Interpretationen zu. Heißt es in Bayern lediglich: „Der Arzt hat Sterbenden unter Wahrung ihrer Würde und unter Achtung ihres Willens beizustehen", so kann dies liberal denkende Ärzte durchaus ermutigen, Sterbehilfe zu leisten. Ähnlich ist die Sterbehilfe in Baden Württemberg berufsrechtlich nicht untersagt. Und die Ärztekammer Berlin meint, dass im Einzelfall eine vom Arzt wohl abgewogene ethische Entscheidung zur Sterbehilfe, die alle sonst bei einem Schwerkranken möglichen Maßnahmen als nicht hilfreich erkannt hat, nicht unter Strafe gestellt werden sollte.

Hilfe erhalten diese Kammern vom Verwaltungsgericht Berlin. Dessen Urteil aus dem Jahr 2012 (Az.: VG9K3.09) hält die Rechtsgrundlage für das Verbot ärztlicher Beihilfe für unzureichend, weil sie einerseits innerhalb der Ärzteschaft äußerst kontrovers diskutiert wird, also umstritten ist, und andererseits drastisch in die Berufsausbildung und Gewissensfreiheit des Arztes eingreift.

Dagegen müssen die Ärzte in den Bundesländern Bremen, Brandenburg, Hessen, Mecklenburg-Vorpommern, Niedersachsen, Sachsen und Thüringen mit dem Berufsverbot rechnen, wenn sie todkranken Patienten zum Suizid verhelfen. Zweideutig wird es in Nordrhein-Westfalen: Dort gibt es zwei Ärztekammern. Während die Kammer Nordrhein diktiert: "Es ist Ihnen verboten, Patientinnen und Patienten auf Verlangen zu töten", fordert die Kammer Westfalen-Lippe in der Berufsordnung der Ärzte weniger apodiktisch: „Sie sollen keine Hilfe zur Selbsttötung leisten."

Diese Vorschriftenvielfalt gibt zu denken. Wie die taz treffend beklagt: statt Gleichbehandlung der Patienten und klarer Rechtslage herrscht in der Bundesrepublik Deutschland in existentiellen Fragen moralisch motivierte Willkür. Für uns ein weiterer Grund zu fordern, das Thema Sterbhilfe nicht weiter auf die lange Bank zu schieben.

Mancher zweifelt noch: Hand aufs Herz! Wie will ich, der hier streitet, sterben? Ehrlich gesagt, ich weiß es noch nicht. Wohl befürworte ich den selbst bestimmten Tod, das ärztlich begleitete Sterben. Ich toleriere die Meinung des Christen, des Juden, des Buddhisten, des Hindu, jede andere Sicht. Ich selbst bin aber noch auf dem Weg ... Noch scheue ich vor letzten Dingen zurück.

Warum? Tradition und Erziehung prägen uns. In unserer Familie lenkten das Preußische und der Protestantismus Kindheit und Jugend. Die ständigen Ermahnungen „du sollst nicht ...", „du darfst nicht ...", „du musst ..." wurden uns wie Stempel aufgedrückt.

Selbst wider besseres Wissen kann ich diese Erziehungssätze nicht einfach wegwischen. Halte ich rationale Argumente dagegen, tauchen Muss und Soll mit innerem Protest auf. Dieser Widerstreit begleitet mein Leben. Vielleicht ist mir am Ende ein ohne ärztliche Hilfe schmerzfreies Einschlafen vergönnt. Die Hoffnung stirbt zuletzt.

Aber Alter und Krankheiten verheißen nichts Gutes. Ich muss, angesichts der ernsten Lage und der Erkenntnis, die ich aus dieser Streitschrift ziehe, wider die Hoffnung arbeiten, an der ich mich, wie Nietzsche es umschreibt, wie an einem Regenbogen einstweilen noch tröste:

> „Die Hoffnung ist der Regenbogen über
> den herabstürzenden Bach des Lebens."

Philosophen-Splitter zum Suizid

Wie dachten die Philosophen über den Freitod? Augustinus, Thomas von Aquin und Kant waren strikt gegen die Selbsttötung. Die Existentialisten, wie Albert Camus, fanden den Freitod legitim, man sollte sich aber mit guten Gründen am Leben erhalten. Seneca und David Hume sprachen sich für ein Recht auf Suizid aus, ebenso der Utilitarist Peter Singer.

Welche Gründe führten die Denker für oder gegen den Freitod an? **Seneca** (um 4 v. Chr. – 65 n. Chr.) bejahte den Freitod dann, wenn der Suizidbereite keinen Ausweg aus den Schmerzen und der abnehmenden Geisteskraft sah. Dann sollte er den „Sprung nicht scheuen, um herauszukommen aus dieser morschen und zusammenbrechenden Behausung".

Für den mittelalterlichen Theologen Thomas **von Aquin** (1225 -1274) war Suizid eine dreifache Sünde. Erstens verstößt der Freitod gegen das natürliche Gesetz der Selbstliebe, zweitens gegen die Gemeinschaft, deren Teil der Mensch und ihr verpflichtet ist, und drittens gegen Gott, der uns das Leben schenkt.

Nach Immanuel **Kant** (1724 – 1804) verbietet der Kategorische Imperativ, dem der Mensch untersteht, den Suizid. Dazu Friedrich Nietzsche: der Mensch „als Automat der ‚Pflicht'? Es ist geradezu das Recept zur décadence, selbst zum Idiotismus … Kant wurde Idiot." (lies Erstes Buch, **Der Antichrist**, Kap. 11, Seite 126 ff., Leipzig 1899, Bd. VIII)

Dagegen ist für **Nietzsche** (1844 – 1900) der Freitod „ein Sieg der Vernunft", wenn der Mensch altersbedingt die „Abnahme seiner Kräfte" wahrnimmt.

Der französische Essayist Michel **de Montaigne** (1533 – 1592) spricht das aus, was sich viele Zeitgenossen heute wünschen: „Der freiwillige Tod ist der schönste. Das Leben hängt von fremden Willen ab, der Tod von unserm." Und „Gott gibt uns genügend Spielraum für den Fall, dass er uns in die Lage versetzt, wo wir das Leben unerträglicher finden als den Tod. Gewiss ist es Schwäche, den Leiden zu weichen, aber Torheit ist es, sie noch hegen und pflegen zu wollen."

Eine Grußbotschaft an das Parlament

Sehr geehrte Parlamentarier im Bundestag, springen Sie wenigstens einmal in Ihrem Leben über Ihren parteipolitischen Schatten. Machtpolitik, Parteipolitik und persönliche Anschauungen sind keine weisen Ratgeber. Sie sind keine Übermenschen oder Götter, die das Vorrecht haben, sich selbstherrlich über das Leben und Sterben ihrer Mitbürger zu hinwegzusetzen.

Jeder Bundesbürger, der nach dem Grundgesetz und den Menschenrechten, zu denen wir uns bekennen, mündig und bei klarem Verstand ist, sollte nach seiner Fasson menschenwürdig leben und sterben dürfen. Der Tod kennt keine Mehrheiten, parteipolitische Machtkämpfe, Dogmen, Winkelzüge und Geschäftsinteressen.

Sie haben im Herbst 2014 die Wahl zwischen sozialem Frieden und Zwietracht. Wählen Sie mehrheitlich die Zwietracht, sind Ihre Feinde: Geist, Verstand, Wissen, Gewissen und öffentliche Meinung – das so genannte Kreuzchen! Das sind Werte und Fakten, die keiner einsperren, erschießen, diktieren, bestrafen und verbieten kann. Sind Sie einem legalen, friedlichen Aufstand der Schriftsteller, Künstler und Journalisten gewachsen? Unsere Medienkultur hat sich gewandelt. Diese Broschüre ist nur eine Kostprobe.

Mit unserem **Lebenshilfeausweis** haben wir Ihnen einen Weg gewiesen, der über dem Parteienzwist und allen Glaubensbekenntnissen steht. Die Hand ist ausgestreckt …

Zur gefälligen Kenntnisnahme

Der Wunsch eines sanften Todes und nach legaler Sterbehilfe ist nicht Ausgeburt der Fantasie. Er gründet auf interdisziplinären Erkenntnissen, wie die obersten Schweizer Richter festhalten. Außerdem verweisen sie auf ein entscheidendes Urteil. Nach der Europäischen Menschenrechtskonvention hat jeder urteilsfähige Mensch das Recht, autonom zu entscheiden, wann und wie er würdig sterben will. Das Gericht schreibt vom „Recht auf eigenen Tod, das vorliegend als solches nicht in Frage gestellt ist ...". Diesen Spruch sollten Politiker, wenn sie über die Sterbehilfe zu entscheiden haben, kennen.